专用于国家职业技能鉴定

国家职业资格培训教程

汽车驾驶员

（基础知识）

劳动和社会保障部
中国就业培训技术指导中心 组织编写

中国劳动社会保障出版社

图书在版编目(CIP)数据

汽车驾驶员：基础知识/劳动和社会保障部中国就业培训技术指导中心组织编写. —北京：中国劳动社会保障出版社，2004

国家职业资格培训教程

ISBN 7-5045-4067-6

Ⅰ. 汽…　Ⅱ. 劳…　Ⅲ. 汽车-驾驶员-技术培训-教材　Ⅳ. U471.3

中国版本图书馆 CIP 数据核字(2004)第016045号

中国劳动社会保障出版社出版发行

(北京市惠新东街1号　邮政编码：100029)

出 版 人：张梦欣

*

三河市华骏印务包装有限公司印刷装订　新华书店经销

787毫米×1092毫米　16开本　7.25印张　179千字

2004年8月第1版　2019年4月第27次印刷

定价：13.00元

读者服务部电话：(010) 64929211/84209101/64921644

营销中心电话：(010) 64962347

出版社网址：http://www.class.com.cn

国家职业资格培训教程

汽车驾驶员

编审委员会

主　任　陈　宇

副主任　陈李翔　张永麟　宋丰景

委　员　陈　蕾　葛　玮　王明信　彭向东

　　　　赵　欢　李　克

本书编写人员

主　编　张　树

编　者　顾金亭　李春生　章国勇

主　审　杜洪年

前　言

为推动汽车驾驶员职业培训和职业技能鉴定工作的开展，在汽车驾驶从业人员中推行国家职业资格证书制度，劳动和社会保障部中国就业培训技术指导中心在完成《国家职业标准——汽车驾驶员》（以下简称《标准》）制定工作的基础上，组织参加《标准》编写和审定的专家及其他有关专家，编写了《国家职业资格培训教程——汽车驾驶员》(以下简称《教程》)。

《教程》紧贴《标准》，内容上，力求体现“以职业活动为导向，以职业技能为核心”的指导思想，突出职业培训特色；结构上，针对汽车驾驶员职业活动的领域，按照模块化的方式，分初级、中级、高级、技师 4 个级别进行编写。《教程》的基础知识部分内容涵盖《标准》的“基本要求”；技能部分的章对应于《标准》的“职业功能”，节对应于《标准》的“工作内容”，节中阐述的内容对应于《标准》的“技能要求”和“相关知识”。

《国家职业资格培训教程——汽车驾驶员（基础知识)》适用于对初级、中级、高级汽车驾驶员以及汽车驾驶员技师的培训，是职业技能鉴定的指定辅导用书。

本书由张树、顾金亭、李春生、章国勇编写，张树主编；杜洪年主审。

由于时间仓促，不足之处在所难免，欢迎读者提出宝贵意见和建议。

劳动和社会保障部中国就业培训技术指导中心

目　录

第一章　钳工基础知识

第一节　钳工常用量具及工具

一、常用量具

1. 钢直尺

钢直尺可用来测量工件或材料的长度、宽度和厚度。长度有 150 mm、300 mm、500 mm、1 000 mm 等多种，常用的一种为公、英制两用的钢直尺，它的长度是 150 mm。钢直尺的精度可以达到 0.50 mm。

实际使用时，为使量得尺寸更加准确，注意不要用尺的顶端作为测量起点，要留出10 mm的长度，以第二段整数作为测量起点，然后再从量得的读数中减去 10 mm。

2. 游标卡尺

游标卡尺可用来测量工件的内、外部尺寸和深度尺寸，是一种常用的中等精度量具。其精度有 0.10 mm、0.05 mm 和 0.02 mm 三种，如图 1—1 所示。

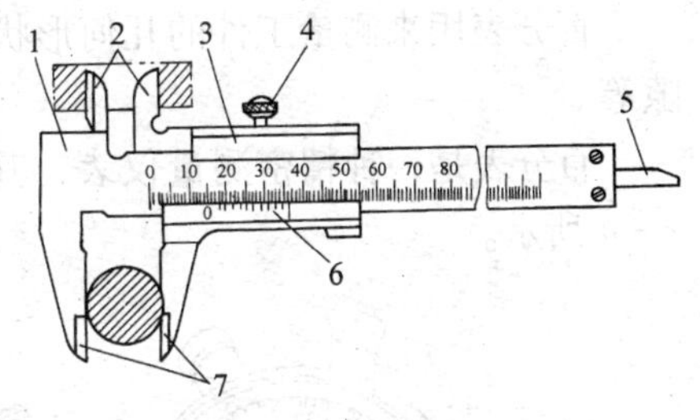

图 1—1　游标卡尺
1—尺身　2—内量爪　3—尺框
4—紧固螺钉　5—深度尺
6—游标　7—外量爪

游标卡尺主要由尺身、游标、内量爪、外量爪、尺框、紧固螺钉和深度尺等组成。

游标卡尺的读数由尺身和游标两部分组成。尺身的刻度每格为1 mm，游标读数根据精度不同有 0.1 mm、0.05 mm、0.02 mm 三种。

读数时，先读游标零线左边尺身上的数（mm），再看游标上哪条线与尺身上的刻线对齐，由游标上读出小数读数，将上面读出的整数和小数相加就是测量的尺寸读数。

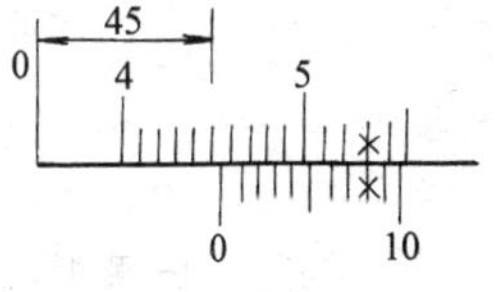

图 1—2　测量实例

图 1—2 是精度为 0.1 mm 的游标卡尺所示的尺寸，其读数为 45 + 0.8 = 45.8 mm。其他精度的游标卡尺的读数方法与其相同，只是读时尺身和游标的每一格差数不同而已。

使用时，禁止用游标卡尺测量正在运转的零件和粗糙零件。

3. 千分尺

千分尺是一种精密量具，由尺架、测微螺杆、测力装置等组成，如图 1—3 所示。

千分尺用来测量工件外部尺寸，常用的千分尺有 0～25 mm、25～50 mm、50～75 mm、75～100 mm、100～125 mm 等多种规格。

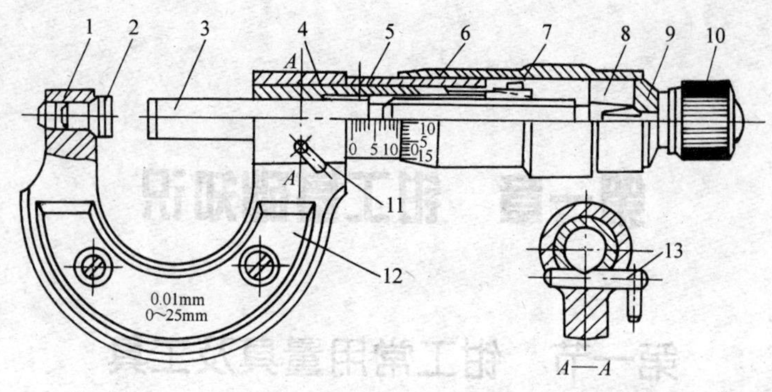

图 1—3　千分尺

1—尺架　2—测砧　3—测微螺杆　4—螺纹轴套　5—固定套筒　6—微分筒　7—调节螺母　8—接头　9—垫片　10—测力装置　11—锁紧机构　12—绝热片　13—锁紧轴

千分尺在微分筒的圆锥面上刻有 50 条等分的刻线，测微螺杆后面有精密螺纹，螺距是 0.5 mm。测微螺杆与活动套筒固定在一起，当微分筒转过一格时，测微螺杆向前（或向后）移动 0.01 mm（即 0.5 mm÷50＝0.01 mm），所以千分尺测量精度为 0.01 mm。

使用时，禁止用千分尺测量粗糙表面和运转的工件。

4．百分表

百分表用来测量工件的几何形状偏差和配合位置偏差，如平行度、垂直度、跳动量和间隙等。

百分表是一种精密测量仪表，其测量精度一般为 0.01 mm。百分表的构造及使用如图 1—4 所示。

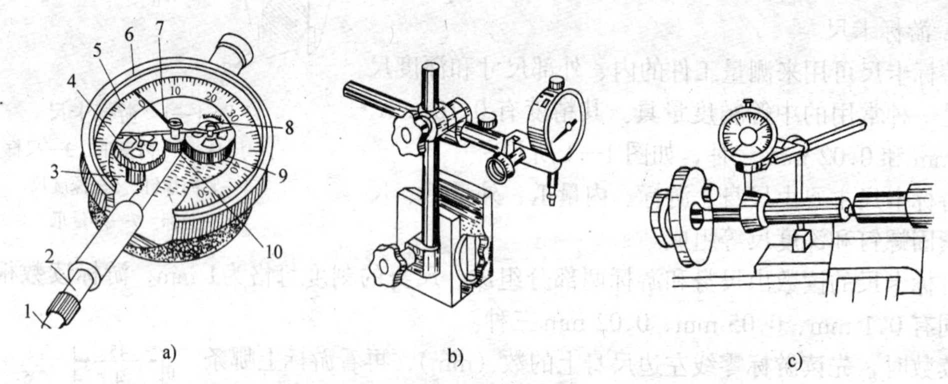

图 1—4　百分表

a）百分表构造　b）安装方法　c）百分表测量工件

1—测头　2—测杆　3、4、9、10—齿轮　5—刻度盘　6—转动表盘　7—长针　8—短针

百分表测杆向上或向下移动 1 mm 时，长针转一圈，短针则转一格。刻度盘在圆周方向有 100 个等分的刻度线，每格的读数值为 1 mm÷100＝0.01 mm，短针的读数值每格为 1 mm，长短针读数之和等于所测尺寸的大小。

测量前根据需要将百分表安装固定，如图 1—4b 所示。测量时将百分表测头垂直抵住工件被测量面，使工件按一定要求移动或转动，即可从表盘上读出被测工件的间隙或尺寸。

5．内径百分表

内径百分表通常称为量缸表，在汽车修理中主要用来测量发动机气缸、曲轴轴承的圆度和圆柱度。内径百分表由百分表、表杆、接杆、活动量杆和一套长短不一的可更换的固定量杆等组成。

内径百分表的结构和测量方法如图 1—5 所示。

(1) 按所测气缸直径选择长度适当的固定接杆。选好接杆安装后，用千分尺校准百分表尺寸。一般比被测孔径大 1 mm 较合适。

(2) 测量时，量缸表的量杆必须与气缸中心线垂直，以保证读数准确。为此，测量时可轻微摆动量缸表，当指针指示到最小数值时，即表示量杆已垂直于气缸中心线。

(3) 读出百分表显示值。指针顺时针转动为减，逆时针转动为加（也称为左减右加）。用标定的数值加上或减去表面显示值，就是所测气缸直径值。

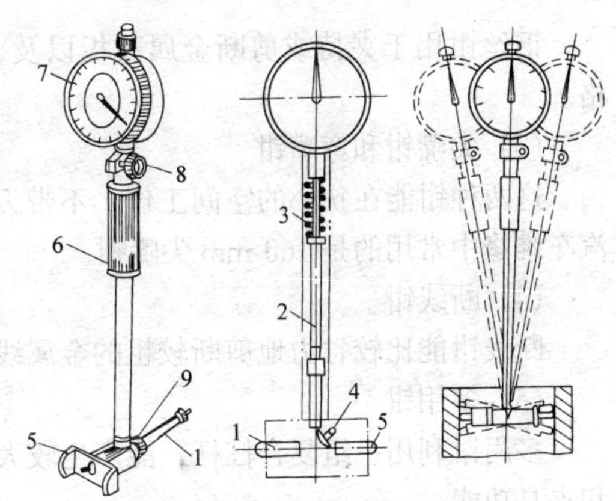

图 1—5 内径百分表

a）外形结构 b）内部结构 c）使用方法

1—接杆 2—传动杆 3—弹簧 4—凸轮 5—活动测头 6—表杆 7—百分表 8—安装螺母 9—固定螺母

6. 塞尺

塞尺俗称片尺或厚薄规，用来检验两个接合面之间的间隙大小，如测量气门间隙、制动蹄片与制动鼓的间隙等。塞尺具有两个平行的测量平面，由一片标准钢片或一组厚度不同的薄钢片组成，每片上都标有厚度，如 0.05 mm、0.10 mm、0.30 mm 等，如图 1—6 所示。

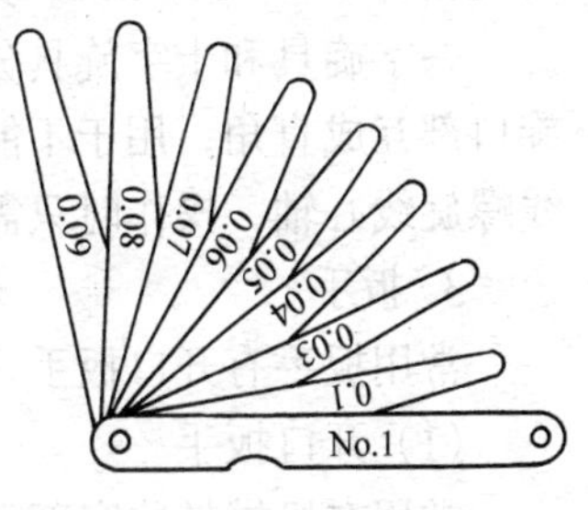

图 1—6 塞尺

二、常用工具

1. 钳子

汽车维修作业中常用的钳子有鲤鱼钳、钢丝钳、尖嘴钳和弯嘴钳、断线钳和多用钳等，如图 1—7 所示。它们的规格一般以钳身长度来表示。

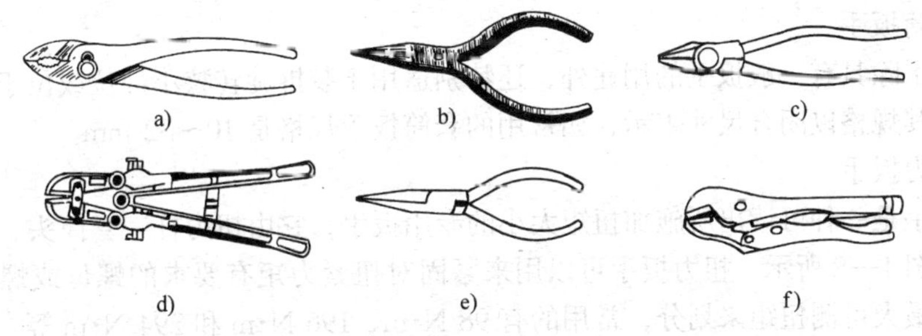

图 1—7 各种手钳

a）鲤鱼钳 b）弯嘴钳 c）钢丝钳 d）断线钳 e）夹嘴钳 f）多用钳

(1) 鲤鱼钳

鲤鱼钳用于夹持扁的或圆柱形的零件，钳头后部的刃口可剪断金属丝，有 165 mm 和 200 mm 两种规格。

(2) 钢丝钳

钢丝钳用于夹持或剪断金属薄板以及金属丝，有 150 mm、175 mm 和 200 mm 三种规格。

（3）尖嘴钳和弯嘴钳

这两种钳能在狭小的空间工作，不带刃口的只能夹持工件，带刃口的能剪切细小零件。汽车维修中常用的是 160 mm 尖嘴钳。

（4）断线钳

断线钳能比较省力地剪断较粗的金属线材，常用的有 750 mm 和 900 mm 两种规格。

（5）多用钳

多用钳利用一组复合杠杆，能产生较大的夹紧力（约 4 960 N），兼有活扳手、普通钳子和夹具功能。

2. 旋具

旋具俗称起子、改锥或螺丝刀。使用时利用旋转力矩紧固或拆除带有槽口的螺钉，常用的旋具有四种，即一字旋具、横杆旋具、十字旋具和快速旋具。

旋具的规格通常以它的长度来区别（不包括柄的长度），如常见的一字型、十字形旋具的规格为 100～300 mm，其他旋具则没有严格的规定。

一字旋具和十字旋具分别用于紧固或拆卸一字形槽和十字形槽的螺钉；横杆旋具的两个旋口部互成直角，用于不能做垂直扳转以及需要用大扭力的螺钉、螺塞等；快速旋具有一双线螺旋线心轴，操作时只需一手握滑把，一手持柄推上推下，即可达到快速扭转目的。

3. 扳手

常用扳手有开口扳手、梅花扳手、活扳手、套筒扳手和扭力扳手等。

（1）开口扳手

常用在机械较狭窄部位的螺纹连接上。其开口按形状有单头和双头之分，工作中常用的是双头扳手。

（2）梅花扳手

梅花扳手同开口扳手用途相似，其规格以闭口尺寸表示，如常用的八件一套梅花扳手规格是 5.5～27 mm。

（3）套筒扳手

套筒扳手除具有一般扳手的用途外，还特别适用于装拆旋转狭小部位或位于较深处的螺母和螺栓。其规格以闭合尺寸表示，如常用的套筒扳手规格是 10～32 mm。

（4）扭力扳手

扭力扳手是一种可读出所施加扭矩大小的专用扳手，它由扭力杆、套筒头、刻度盘与指针组成，如图 1—8 所示。扭力扳手可以用来紧固对扭紧力矩有要求的螺母或螺栓。扭力扳手的规格以最大可测扭矩来划分，常用的有 98 N·m、196 N·m 和 294 N·m 等。

（5）活扳手

活扳手的开口可以调节，适用性强。活扳手以其全长划分，有 100 mm、150 mm、200 mm、250 mm、300 mm、375 mm 等规格。使用时要注意使扳手开口紧贴螺母六角对边，尽量使固定口受拉力，活动口受推力，用力要均匀。

4. 火花塞套筒

火花塞套筒是一种用手工拆装火花塞的专用工具，如图 1—9 所示。

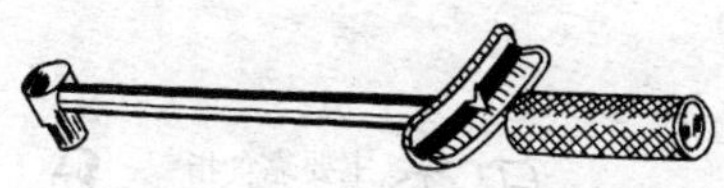

图 1—8　扭力扳手

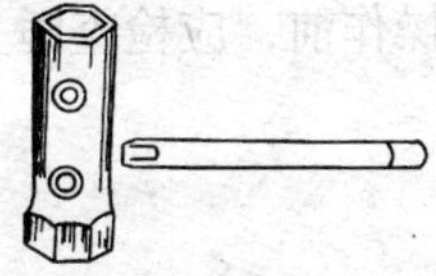

图 1—9　火花塞套筒

使用时，根据火花塞的装配位置和火花塞六角的尺寸，选用不同高度和径向尺寸的火花塞套筒。拆装火花塞时，应套正火花塞套筒再扳转，以免套筒滑脱。扳转火花塞套筒时，不准随意加长手柄，以免损坏套筒。

5. 千斤顶

千斤顶一般用于举升汽车。常用的千斤顶有液压式、气压式和机械式三种。液压式千斤顶有 3 000 kg、5 000 kg 和 10 000 kg 等规格。

使用千斤顶时应注意：

(1) 在顶起汽车之前应用三角木将车轮塞好，以防汽车滑溜，发生危险。

(2) 起重时，地面要硬实可靠，千斤顶底座下应垫厚木板，不可垫石块或水泥板，以防碎裂发生危险；起重时，千斤顶的顶柱与被支顶的端面应保持垂直，以防滑脱，发生危险。

(3) 千斤顶举升后应将车架好，使支顶卸荷后，才可在车下作业。

(4) 千斤顶升起和下降时，严禁在车底下工作。

(5) 千斤顶缺油时，应按规定添加液压油，不可用制动液或其他油液代替。

第二节　钳 工 作 业

一、錾削

用锤子捶击錾子，对金属工件进行切削加工的方法叫做錾削。

錾削的主要工具是錾子和锤子。

錾子一般用优质碳素工具钢制成，刃口部分经淬火和回火处理，硬度为 HRC53～56，长度在 100～200 mm之间。常用錾子有扁錾、尖錾、油槽錾和圆口錾四种，如图 1—10 所示。

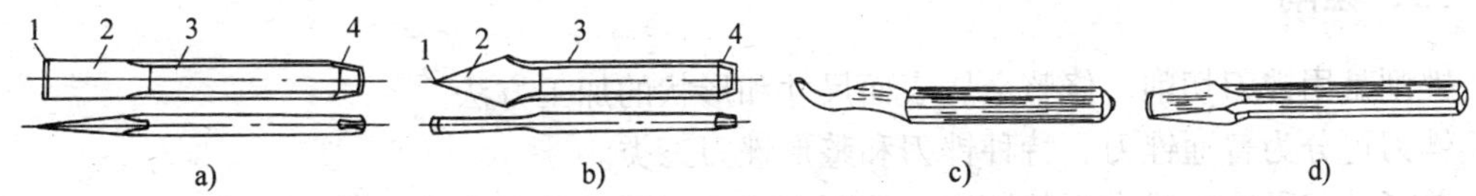

图 1—10　錾子的种类

a）扁錾　b）尖錾　c）油槽錾　d）圆口錾

1—锋口　2—斜面　3—柄　4—头

錾削时常用锤子规格有 0.25 kg、0.5 kg、0.75 kg 和 1.00 kg 等几种，錾子和锤子的握法如图 1—11 所示。

錾削操作前，应检查锤头是否松动，如有松动现象，应及时用铁楔楔牢，以防使用时锤头脱出。

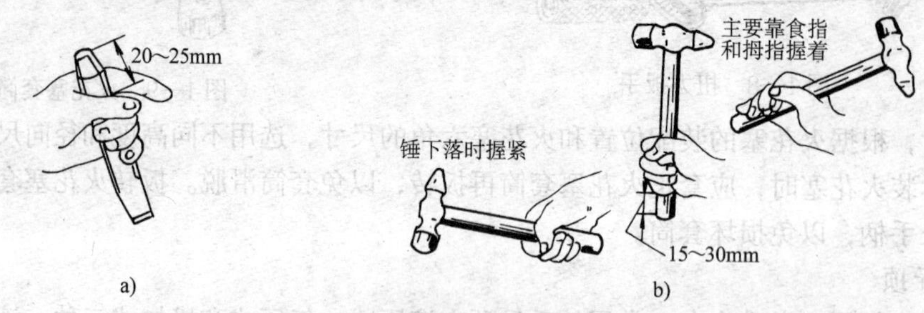

图 1—11　錾子和锤子的握法

a）錾子的握法　b）锤子的握法

錾削时，左手握住錾身，用中指、无名指与掌心夹持，錾子尾端以露出 20 mm 左右为宜。过长錾子容易摆动，造成锤子打手。

操作中应及时擦净锤柄上的汗水、油污，避免锤子从手中滑脱。

二、锯削

锯削是用手锯或机械锯把金属材料分割、开缝和切槽的加工方法。

钳工主要用手锯进行锯削，手锯由锯弓和锯条组成。

锯弓是用来装夹锯条的，有固定式和可调式两种，如图 1—12 所示。

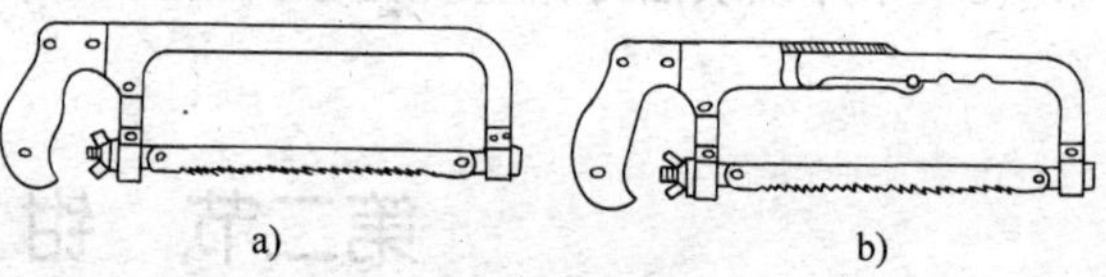

图 1—12　锯弓

a）固定式　b）可调式

锯条分为工具钢锯条和合金钢锯条两类，均经过淬火处理。锯条规格用其两端安装孔距表示，常用的是 300 mm 锯条。锯齿的大小是以 25.4 mm 长度内所包含的锯齿数表示，此长度内包含的齿数越多，锯齿越细。细齿锯条适用于锯割硬材料或小而薄的工件。

安装锯条时，锯齿的齿尖要朝前，装正装直。其拉紧度以工作时锯条不弯曲为宜。过松会使锯条扭曲，锯缝歪斜，锯条容易折断；过紧会使锯条失去弹性，在锯削中也易崩断。

起锯时，起锯角要小（约 15°），行程要短，压力要小，速度要慢。锯削时，应尽可能使锯条全长参加工作，锯削速度以 30～40 次/min 为宜。

三、锉削

锉削是用锉刀切削、修整金属表面尺寸和形状的加工方法。

锉刀可分为普通锉刀、特种锉刀和整形锉刀三类。

普通锉刀是钳工最常用的锉刀，按断面形状不同，又可分为平锉、方锉、三角锉、半圆锉和圆锉等几种，如图 1—13 所示。

特种锉刀用来锉削特殊工件表面，按断面形状不同，又可分为刀口锉、菱形锉、扁三角锉、椭圆锉和圆肚锉等多种，如图 1—14 所示。

整形锉又称什锦锉，常用于修整工件的细小部位。整形锉每套分别有 5 把、6 把、8 把、10 把和 12 把等。

使用锉刀时，不得用新锉刀锉硬金属，应先用砂轮或旧锉刀打磨掉氧化皮、硬皮后再用新锉刀锉削。新锉刀应先使用一面，待一面磨钝后，再用另一面；细锉刀不可锉软金属，否则会粘塞锉齿。

图 1—13　普通锉刀断面形状

图 1—14　特种锉刀断面形状

四、钻孔

用钻头在实心工件上钻出孔眼的切削加工方法叫做钻孔。

钻头有麻花钻、扁钻、深孔钻、中心钻等，其中麻花钻是最常用的钻头。麻花钻由柄部、颈部和工作部分组成，如图 1—15 所示。

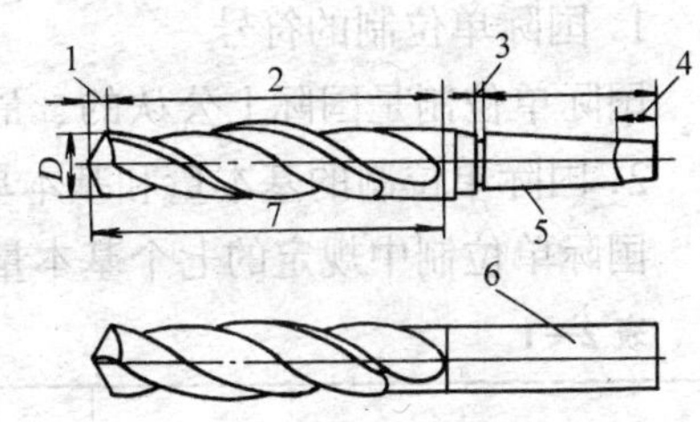

图 1—15　麻花钻

1—切削部分　2—导向部分　3—颈部　4—扁尾　5—锥柄　6—直柄　7—工作部分

钻孔时可先在工件上划线确定所要钻孔的中心点，并在此中心点上用锥形样冲头冲击锥坑，然后钻头对准锥坑进行钻孔。装夹钻头时要注意检查钻头是否装夹牢固、正确。进行钻孔操作时严禁戴手套。

第二章　法定计量单位的基本知识

一、国际单位制简介

1. 国际单位制的符号

国际单位制是国际上公认的、最先进的单位制，其符号是［SI］。

2. 国际单位制的基本量和基本单位

国际单位制中规定的七个基本量和基本单位见表 2—1。

表 2—1　　基本量和基本单位

基本量	基本单位	
	名　称	符　号
长度	米	m
质量	千克（公斤）	kg
时间	秒	s
电流	安［培］	A
热力学温度	开［尔文］	K
发光强度	坎［德拉］	cd
物质的量	摩［尔］	mol

二、法定计量单位

1. 法定计量单位的定义

法定计量单位是政府以法令的形式明确规定要在全国采用的计量单位。

我国法定计量单位是以国际单位制的单位为基础，适当增加和选定了适合我国国情的非国际单位，如 L（升）、t（吨）和 r/min（转/分）等，分别作为体积、质量和转速的单位。

2. 我国法定计量单位的构成

（1）法定长度计量单位

我国法定长度基本单位是米，用 m 表示。常用长度单位的换算见表 2—2。

表 2—2　　常用长度单位换算表

单位名称	符　号	与基本单位的关系
千米（公里）	km	1 km = 1 000 m
米	m	基本单位
分米	dm	1 dm = 10^{-1} m
厘米	cm	1 cm = 10^{-2} m
毫米	mm	1 mm = 10^{-3} m
微米	μm	1 μm = 10^{-6} m

(2) 法定质量计量单位

我国法定质量计量单位是千克，用 kg 表示。常用质量单位换算见表 2—3。

表 2—3　　常用质量单位换算表

单位名称	符　号	与基本单位的关系
千克（公斤）	kg	基本单位
吨	t	1 t = 1 000 kg
克	g	$1\ g = 10^{-3}\ kg$
毫克	mg	$1\ mg = 10^{-6}\ kg$

(3) 法定面积计量单位

我国法定面积计量单位是平方米，用 m^2 表示。其相关单位换算如下：

1 平方米（m^2）= 100 平方分米（dm^2）

1 平方分米（dm^2）= 100 平方厘米（cm^2）

1 平方厘米（cm^2）= 100 平方毫米（mm^2）

(4) 法定体积、容积计量单位

我国法定体积和容积的基本单位是立方米，用 m^3 表示。其相关单位换算如下：

1 立方米（m^3）= 1 000 立方分米（dm^3）

1 立方分米（dm^3）= 1 升（L）= 1 000 立方厘米（cm^3）

1 立方厘米（cm^3）= 1 000 立方毫米（mm^3）

(5) 力、压力、力矩的法定计量单位

我国法定力的基本单位是牛顿，简称牛，用 N 表示。

压力的基本单位是帕斯卡，简称帕，用 Pa 表示。

$$1\ Pa = 1\ N/m^2$$

力矩的基本单位是牛·米，用 N·m 表示。

(6) 摄氏温度的法定计量单位

我国法定摄氏温度的基本单位是摄氏度，用℃表示。与热力学温度单位的换算关系是：

热力学温度（K）= 摄氏温度 + 273.15

另外，我国还选定了适合我国国情的非国际单位制的单位，可查阅有关手册。

第三章　燃料、润料及轮胎等知识

第一节　汽车用燃料

一、汽油

汽油是从石油中精炼得到的碳氢化合物。

1. 汽油的性能

汽车使用的汽油性能包括汽油的蒸发性、抗爆性、安定性、防腐性和清洁性等。

(1) 蒸发性

汽油的蒸发性是指汽油从液体状态转化为气体状态的性能。汽油的蒸发性越好，就越容易汽化而形成品质良好的可燃混合气，保证发动机在各种条件下都能够迅速启动、加速和正常运转。特别是在低温条件下，也能使发动机顺利启动和正常工作。

(2) 抗爆性

汽油的抗爆性是指汽油在气缸内燃烧时防止产生爆燃的能力。汽油抗爆性的好坏用辛烷值来表示。汽油的辛烷值越高，抗爆性能越好。

(3) 安定性

汽油的安定性是指在正常的储存和使用条件下，保持汽油性质不发生永久变化的能力。安定性不好的汽油，在储存和运输的过程中容易发生氧化反应，生成胶状物质和酸性物质，使辛烷值降低，颜色变浑。

(4) 防腐性

汽油的防腐性是指防止汽油腐蚀金属的能力。

(5) 清洁性

汽油的清洁性是指汽油中是否有机械杂质和水分。由炼油厂炼制的成品汽油不含机械杂质和水分。但在储存、运输和使用中，汽油会不可避免地受到外界污染，使灰尘、杂质和水分等落入汽油中。机械杂质会加速气缸、活塞及活塞环的磨损；水分在冬季结冰，会造成滤清器和油道堵塞，影响发动机正常工作。

2. 汽油的牌号和选用

(1) 汽油的牌号

我国车用汽油目前有含铅和无铅两种，均根据辛烷值划分牌号。含铅车用汽油有 90、93 和 97 三个牌号，无铅车用汽油有 90、93 和 95 三个牌号。无论是含铅还是无铅，只要辛烷值牌号相同，其抗爆性就相同。汽油的牌号越高，辛烷值越高。

(2) 汽油的选用

应按照汽车说明书要求选用汽油牌号。一般压缩比较高的发动机应选用高辛烷值汽油，压缩比较低的发动机应选用辛烷值较低的汽油。

使用汽油应注意以下几点：

1）不要用加铅汽油作清洗或溶剂油，以防铅中毒。

2）不要用橡胶、油漆溶剂油和工业汽油代替车用汽油。

3）汽油中不应掺入煤油等。

4）不要使用长期存放或已变质的汽油。

5）牌号相近的汽油可暂时代用。用低牌号汽油代替高牌号汽油时，应适当推迟点火提前角，以免发生爆燃；用高牌号汽油代替低牌号汽油时，应适当加大点火提前角，以提高发动机的输出功率。

二、轻柴油

汽车柴油机用轻柴油作为燃料。

1. 轻柴油的性能

轻柴油的性能包括柴油的发火性、蒸发性、低温流动性、黏度、安定性、防腐性和清洁性等。

（1）发火性

柴油的发火性是指柴油自燃的能力，用十六烷值来表示。十六烷值越高，发火性越好，大多数商用柴油蹬十六烷值在 35～65 之间，一般选用 45～50。

（2）蒸发性

柴油机的低温启动性、工作可靠性、燃料经济性和耐久性均与柴油的蒸发性有关。喷入燃烧室中的柴油是在汽化以后着火燃烧的，从燃料喷入燃烧室到开始燃烧的一段时间内，燃料的蒸发速度与燃料的蒸发性有很大关系，而蒸发速度对柴油机混合气形成速度影响很大。

（3）低温流动性

柴油的低温流动性用凝点来表示。凝点是指在规定条件下柴油失去流动能力时的温度值。我国轻柴油按凝点划分牌号。

（4）黏度

黏度是液体流动的能力。黏度低会使燃油泄漏量增加，加剧部分零件的磨损，但柴油易于雾化；黏度高时阻力会增加，使雾化变差，但润滑性能较好。

2. 轻柴油的牌号及选用

（1）轻柴油的牌号

国产轻柴油按凝点分为六种牌号，即 10 号、0 号、－10 号、－20 号、－35号和－50号。按牌号，凝点分别不高于 10℃、0℃、－10℃、－20℃、－35℃和－50℃。

（2）轻柴油的选用

应根据所在地区气温，选用不同牌号（即凝点）的轻柴油，并随季节变化而适时地更换。使用地区气温低，应选用凝点较低的轻柴油，反之选用凝点较高的轻柴油。为保证车用柴油机能正常工作，选用轻柴油的凝点应低于季节最低温度 3～5℃。选用原则是：

10 号轻柴油适合于有预热设备的高速柴油机使用。

0 号轻柴油适合于最低气温在 4℃ 以上的地区使用，即全国 4～9 月份及长江以南地区冬季使用。

-10 号轻柴油适合于最低气温在-5℃以上的地区使用，即长江以南地区冬季使用。

-20 号轻柴油适合于-14～-5℃的地区使用，即适于长城以北冬季使用，也适于长城以南、黄河以北地区严冬使用。

-35 号轻柴油适合于-29～-14℃的地区使用，即适于东北、华北、西北地区使用。

-50 号轻柴油适合于-44～-29℃的地区使用，即适于东北、新疆、西藏等高寒地区严冬使用。

使用柴油时，不同牌号的柴油可掺兑使用，这样可以改变其凝点。例如，在 0 号柴油中按比例加入一些低凝点柴油，便可使其能在-10℃下使用。也可以在柴油中加入裂化煤油，例如在 0 号柴油中加入 40%的裂化煤油，可获得-10 号柴油。但柴油中不能加入汽油。

第二节　汽车用润滑材料

汽车用润滑材料一般都采用石油炼制，并根据需要加入多种添加剂。润滑材料除了有润滑作用外，还有散热、冲洗、防锈和密封等作用。

一、发动机用润滑油（机油）

1. 机油的使用性能

机油的使用性能包括机油的黏度、黏温性、剪切安定性、低温泵送性、氧化安定性、防腐性、清净分散性、抗磨性和起泡性等。

(1) 黏度

黏度是液体流动时内摩擦力的量度。机油的黏度对发动机的工作有很大影响，黏度太小，不能在摩擦表面形成足够厚的油膜，使磨损加剧，密封性下降，气缸漏气，使发动机功率下降；黏度太大，使发动机低温启动困难，油泵泵送性能差，容易出现干摩擦或半干摩擦，而且油的循环速度慢，冷却和清洗作用差。因此，使用中要求机油的黏度要适当。

(2) 黏温性

机油黏度随着温度变化的特性称为黏温性。温度升高黏度下降，温度下降黏度升高。如果润滑油随温度升高而黏度下降较小，我们就称这种润滑油黏温特性较好。黏温特性好的机油可以在冷车和热车时都能正常工作。机油的牌号是根据 100℃时的运动黏度来划分的。

(3) 剪切安定性

机油的剪切安定性是指机油抵抗剪切作用，保持黏度及与黏度有关的性质不变的能力。

(4) 低温泵送性

表示机油在低温条件下通过油泵送至发动机各摩擦表面的能力。这是冬用润滑油和多级油的重要质量指标之一，也是润滑油按黏度分类的一个依据。

(5) 氧化安定性

表示机油抵抗大气（或氧气）的作用而保持其性质不发生永久变化的能力。热氧化安定性是指机油抵抗高温氧化，阻止产生胶质的能力。

(6) 清净分散性

表示机油具有从发动机工作表面分散、疏松、移走其积炭、污垢等有害物质，使它们不沉积，保持活塞表面清洁的能力。

2. 机油的分类和牌号

我国参照美国石油协会（AP1）使用分类，制定了 GB/T 7631.3—1995《内燃机油分类》，规定了汽车用及其他固定式内燃机润滑油（汽油机和柴油机）的详细分类。内燃机油按特性和使用场合分为：

汽油机油：SC、SD、SE、SF、SG 和 SH 等。

柴油机油：CC、CD、CD—Ⅱ、CE、CF—4 等。

汽油机油系列中 SA 和 SB 两个级别，以及柴油机油系列中 CA 和 CB 两个级别，新标准中已废除。

还参照 SAE（美国工程师协会）黏度分类，制定了 GB/T 14806—1994《内燃机油黏度分类》，其黏度等级为：0 W、5 W、10 W、15 W、20 W、25 W、20、30、40、50 和 60。

SC 汽油机油按黏度分为 5 W/20、10 W/30、15 W/40、30 和 40 等牌号。

SD 汽油机油按黏度分为 5 W/30、10 W/30、15 W/40、30 和 40 等牌号。

SE 汽油机油按黏度分为 5 W/30、10 W/30、15 W/40、20/20 W、30 和 40 等牌号。

SF 汽油机油按黏度分为 5 W/30、10 W/30、15 W/40、30 和 40 等牌号。

CC 柴油机油按黏度分为 5 W/30、5 W/40、10 W/30、10 W/40、15 W/40、20 W/40、30、40 和 50 等牌号。

CD 柴油机油按黏度分为 5 W/30、5 W/40、10 W/30、10 W/40、15 W/40、20 W/40、30、40 等牌号。

机油牌号中，在数字后面带“W”字母的，表示低温系列，数字代表黏度等级，W 表示冬用；不带字母的数字代表普通系列；牌号中 15 W/40 这种形式称为多级油，表示这种机油黏温特性良好，可四季通用。

3. 内燃机油的选择

内燃机油的选择，一个是使用级的选择，另一个是黏度级的选择。使用级是首选内容。选择时主要考虑发动机机型。气缸的有效压力越高，发动机的转速越高，对内燃机油要求的使用级也越高。

柴油机油使用级的选择，主要根据柴油机的强化程度来进行。要严格遵照汽车使用说明书的要求选择柴油机油。

在每个使用级中有若干个黏度级，黏度级的选择主要考虑环境温度，如北京地区普遍使用 15 W/40 号油。

4. 机油使用中应注意的事项

(1) 在能保证润滑的条件下，要尽量选取黏度低的机油。只有在机器磨损严重时，才应选择高黏度的机油。

(2) 使用级较高的机油可以用于要求低的发动机，相反则不行。

(3) 汽油机油和柴油机油原则上应区别使用，只有制造厂许可时，才可在一定范围内通用。

(4) 汽车上不能使用机床或航空用机油。

二、齿轮油

齿轮油是指用于汽车、拖拉机和工程机械等车辆的手动变速器和驱动桥齿轮传动机构的润滑油。和其他润滑油一样，齿轮油具有减磨、冷却、清洗、密封、防锈和降低噪声等作用。

1. 齿轮油的使用性能

齿轮油的使用性能包括齿轮油的黏度、黏温性、抗磨性及低温流动性等。

(1) 齿轮油的黏度应符合以下工作要求：在最低工作温度下的最大黏度须保证汽车不经预热便可顺利起步并使轴承得到可靠的润滑；在最高工作温度时的黏度须保证齿轮的正常润滑和允许的油耗。和机油一样，齿轮油中通常加入黏度指数改进剂，以提高黏温性。

(2) 抗磨性是指齿轮油保持在运动部件间的油膜，防止金属和金属相接触的能力。在齿轮油中加入油性添加剂，能增加吸附油膜的强度，减小摩擦系数，提高抗磨性能。

(3) 车辆起步时，齿轮油的温度几乎和环境温度一样，保持良好的低温流动性，对齿轮油的冬季使用很重要。

2. 齿轮油的牌号及选用

(1) 齿轮油的牌号

国标 GB/T 7631.7—1995 规定，齿轮油分为普通车辆齿轮油（SH0350—92）、中负荷车辆齿轮油（GL—4）和重负荷车辆齿轮油（GL—5）（GB 13895—1992）三个品种。

国标 GB/T 7631.7—1995 规定，车辆齿轮油按黏度为 150 000 m·Pa·s 时的最高温度和 100℃时的运动黏度分为 70 W、75 W、80 W、85 W、90、140、250 七个黏度牌号。

普通车辆齿轮油（SH0350—92）适用于中速和负荷比较苛刻的手动变速器和螺旋锥齿轮驱动桥。按黏度分为 80 W/90、85 W/90 和 90 三个牌号。

目前我国还没有制定中负荷车辆齿轮油（GL—4）规格的国家标准，但有许多按企业标准生产的双曲面齿轮油。

重负荷车辆齿轮油（GL—5）（GB 13895—1992）适用于高速冲击负荷、高速低扭矩和低速高扭矩工作的各种齿轮，特别是轿车和其他各种车辆的双曲面齿轮。按黏度分为 75 W、80 W/90、85 W/90、85 W/140、90 和 140 等黏度牌号。

(2) 齿轮油的选用

齿轮油原则上应按照汽车使用说明书的规定选用，还可以按照下列方法选油：

1) 根据工作条件的苛刻程度选用齿轮油的品种。近几年进口和中外合资生产的轿车及部分载货汽车、工程车辆的驱动桥双曲面齿轮，工作条件苛刻，接触压力在 3 000 MPa 以上，滑动速度超过 10 m/s，油温高达 120～130℃，必须选用重负荷车辆齿轮油。

东风 EQ1090 等驱动桥也采用双曲面齿轮，但齿面接触压力在 3 000 MPa 以下，滑动速度在 1.5～8 m/s 之间，使用条件不太苛刻，可选用中负荷车辆齿轮油。

解放 CA1091 车驱动桥采用普通螺旋锥齿轮，使用普通车辆齿轮油即可满足需要。但一些高性能进口载货汽车虽也采用螺旋锥齿轮驱动桥，但其负荷较重，要求使用中负荷车辆齿轮油。

2) 根据当地季节气温选用齿轮油牌号。长江流域及其他冬季气温不低于 -10℃ 的地区，可全年使用 90 号油。但天气特别热或负荷特别重的车辆可使用 140 号油。

长江以北及其他气温不低于 $-12°C$ 的地区，一般车辆可全年使用 85 W/90 号油，负荷特别重的车辆，可全年使用 85 W/140 号油。

长江以北及其他气温不低于 $-26°C$ 的寒冷地区，可全年使用 80 W/90 号油。

黑龙江、内蒙古、新疆等冬季最低气温在 $-26°C$ 以下的严寒地区，冬季使用 75 W 号油，夏季则换用 90 号单级油。

(3) 齿轮油使用注意事项

1) 不能将使用级（品种）较低的齿轮油用在要求较高的车辆上，使用级较高的齿轮油可以用在要求较低的车辆上，但在经济上会造成浪费。

2) 加油时齿轮油油面一般到与齿轮箱加油口下缘平齐，不能过高或过低。

3) 使用合适黏度的齿轮油，齿轮油黏度牌号太高，将使燃料消耗量显著增加。

4) 按期换用新齿轮油。国外一般汽车厂推荐的换油周期都是 $5\times10^4\sim12\times10^4$ km。我国汽车运输企业多在 $4\times10^4\sim5\times10^4$ km。结合车辆定期维护换油，SH/T0475—92 推荐的换油里程为 4.5×10^4 km。

三、润滑脂

润滑脂是具有可塑性的膏状润滑剂，其性质和形态介于液体和固体之间。润滑脂是由液态润滑油加入一定量稠化剂、稳定剂和添加剂制成。润滑脂用在车辆上不宜用液体润滑剂的部位，如轮毂轴承、各拉杆球节、发电机、水泵、离合器轴承和传动轴花键等处。

1. 润滑脂分类

根据 GB/T 7631.8—1990 的规定，我国润滑脂的分类参照国际标准（ISO）的分类方法。

按 GB/T 7631.1—1987 的规定把润滑脂的稠度分为 000、00、0、1、2、3、4、5、6 共九个等级。

2. 润滑脂的牌号与选用

目前，生产和销售的润滑脂品种名称还没有纳入 1990 年 12 月发布的 GB/T 7631.8—1990 按使用要求的分类体系。这个分类体系已代替 GB 501—65《润滑脂的分组、命名和代号》。

按照旧的分类方法，汽车常用润滑脂品种有：钙基润滑脂、钠基润滑脂、汽车通用锂基润滑脂、极压复合锂基润滑脂和石墨钙基润滑脂等。

钙基润滑脂（GB 491—1987）是由动植物脂肪与石灰制成的钙皂稠化矿物润滑油，并以水作为胶溶剂制成。按锥入度分为 1、2、3、4 四个牌号。可用于汽车、拖拉机等机械设备上，使用温度范围为 $-10\sim60°C$。其特点是遇水不易乳化，容易粘附于金属表面，胶体安定性好，但使用温度低，使用寿命短。

钠基润滑脂（GB/T 492—1989）是以动植物脂肪酸钠皂稠化矿物润滑油制成的耐高温但不耐水的普通润滑脂，有 2 号和 3 号两个稠度牌号。

汽车通用锂基润滑脂（GB/T 5671—1995）用天然脂肪酸锂皂稠化低凝点润滑油，并加抗氧化、防锈剂制成。具有良好的机械安定性、胶体安定性、防锈性、氧化安定性和抗水性。适用于 $30\sim120°C$ 温度范围内汽车轮毂轴承、水泵、发电机等各摩擦部位的润滑，稠度牌号为 2 号。进口汽车和国产新车普遍推荐使用这种润滑脂。

极压复合锂基润滑脂（SH0335—93）与汽车通用锂基润滑脂的区别是有更高的极压抗磨性，适用于－20～160℃高负荷机械设备的齿轮和轴承的润滑，有1、2和3号三个稠度牌号。部分高性能进口汽车推荐使用这种润滑脂。

石墨钙基润滑脂由动植物油钙皂稠化68号机械油制成，其中加有10％的鳞片石墨，具有良好的抗水性和抗碾压性能，适用于重负荷、低转速和粗糙的机械润滑。汽车的钢板弹簧、起重机齿轮转盘及半拖挂货车的转盘等承压部位使用石墨钙基润滑脂。

选择润滑脂应根据车辆和机械设备说明书的规定，选用与用脂部位操作条件相适应的润滑品种和稠度牌号。

3. 润滑脂使用注意事项

（1）轮毂轴承是用润滑脂润滑的。南方使用的车辆，宜全年使用2号脂；北方使用的车辆，冬季用1号脂，夏季用2号脂；热带重负荷车辆上宜用3号脂。轮毂轴承润滑脂使用到严重断油、分层或软化流失前必须更换。一般是在二级维护作业时换润滑脂。

（2）按使用说明书要求及时向各润滑点注润滑脂。如解放CA1091型汽车要求每行驶2 000 km向水泵轴承、离合器踏板轴、制动踏板轴、转向节主销、转向横、直拉杆等处润滑点加注润滑脂。

（3）各种稠化剂制成的润滑脂不能相互掺混。

（4）润滑脂在保存、分装和使用过程中应严格防止灰、沙和水等外界杂质污染。

四、液力传动油

液力传动油亦称自动变速器油，或简称自动变速液（ATF），是汽车液力自动传动系统的工作介质。

1. 对液力传动油的性能要求

（1）适当的黏啡和良好的黏温性

液力传动油的黏度对变矩器的效率影响很大，通常黏度越低，效率越高。但黏度过低，会造成泄漏增加。黏度过高，不仅使变矩器效率下降，而且会造成低温启动困难。综合考虑传动效率、低温启动性和润滑要求，液力传动油100℃时的运动黏度一般在7 mm^2/s左右。此外，不同地区季节变化和启动前后温度的变化，都会使油的黏度发生变化。液力传动油温度变化范围约为－25～170℃，因此要有很高的黏温性。

（2）良好的热氧化安定性

液力传动油使用温度高，如果热氧化安定性不好，则容易形成油泥、沉积物和漆膜，影响自动变速器的性能甚至堵塞滤油器，发生摩擦片打滑、控制系统失灵等故障。为此，液力传动油中通常加有性能良好的抗氧化剂。

（3）良好的抗起泡性

液力传动油在高速流动中产生的泡沫，将破坏正常的润滑条件，造成离合器打滑、烧坏等故障，同时还会影响自动控制系统的准确性。为防止产生泡沫，油中要加入抗泡沫添加剂。

（4）良好的抗磨性

为了满足自动变速器中若干行星齿轮润滑的需要，提高离合器及自动变速器的使用寿命，液力传动油应具有良好的抗磨性。为了提高其抗磨性，油中通常加有抗磨添加剂。

2. 国产液力传动油的品种和牌号

我国目前尚无液力传动油详细分类的国家标准。现有产品，按中国石油化工总公司制定的企业标准，有6号普通液力传动油和8号液力传动油两种；另有一种拖拉机传动、液压两用油。

8号液力传动油（Q/SH003.01.012—88）是以润滑油馏分，经脱蜡、深度精制并加入增黏、降凝、抗氧、防腐、防锈、油性、抗磨、抗泡等多种添加剂制成的液力传动油。适用于各种具有自动变速器的汽车，接近于国外液力传动器的PTF—1级油，为红色透明液体。

6号普通液力传动油（Q/SH003.01.11—88）是以深度精制的石油馏分，加入抗氧、抗磨、防锈、降凝、抗泡等添加剂制成的液力传动油，适用于内燃机车、载货汽车的液力变矩器，接近于国外液力传动油的PTF—2级油。

拖拉机传动、液压两用油（Q/SH007.1.23—87）是由深度精制的中性油加多种添加剂调制而成，按40℃运动黏度中心值划分有68、100和100D三个牌号，适用于国产及进口拖拉机、工程机械和车辆中作为液压系统的工作介质和齿轮传动机构的润滑油。

3. 液力传动油的选择

按照车辆使用说明书的规定，选用适当品种的液力传动油。轿车和轻型货车应选用8号油，进口轿车要求用GM—A型、A—A型或Dexron型自动变速器油的均可用8号油代替。重型货车、工程机械的液力传动系统应选用6号油。全液压的拖拉机、工程机械选用拖拉机传动、液压两用油。

4. 液力传动油使用注意事项

（1）注意保持正常的油温。油温过高会加速油的氧化变质，形成沉积物和积炭。

（2）经常检查油平面。车辆停在平地上，发动机保持运转，油温正常。此时油平面应在自动变速器的油尺上下刻线之间，不足时应及时添加。如果油面下降过快，可能是漏油，应及时检查排除。

（3）按车辆使用说明书的规定更换液力传动油和过滤器，同时拆洗自动变速器油底，并更换其密封垫。通常每行驶10 000 km应检查油面，每行驶30 000 km应更换油液。

第三节　汽车常用工作液

一、制动液

制动液是汽车液压制动系中传递压力的工作介质，其性能对汽车行驶安全有很大影响。

1. 对制动液性能的要求

（1）沸点要高

炎热地区紧急制动及下坡频繁制动时，产生的摩擦热会使制动系温度升高，有时达150℃以上。如制动液的沸点太低，在高温时蒸发成蒸气，使制动系统管路中产生气阻，导致制动失灵。为了保证安全，要求使用沸点高的制动液。

（2）吸湿性要小

制动液吸收周围的水汽后会使沸点下降，并容易产生气阻。为保证制动液的高温性能，要求其吸湿性要小。

（3）黏度要适当

制动液的黏度决定了其在制动系统内的流动性。要使系统内压力能随制动踏板的动作迅速上升和下降，就要求制动液在很宽的温度范围内保持适当的黏度。且能在四季通用。

（4）有良好的化学安定性和防腐性能

制动液在高温下长期使用不能产生热分解和缩合使黏度增加，也不允许生成胶质和油泥沉积物。在工作中不对金属构件产生腐蚀，不对皮碗、皮圈产生侵蚀，也不能使皮碗发胀。

2．制动液的分类、品种和牌号

（1）制动液的分类

GB 10830—1998《汽车制动液使用技术条件》，已于1990年1月起实行。该国家标准参照国际上通行的制动液分类规格，把我国现有和将来要有的制动液都包括在内。主要根据其高温抗气阻性和低温流动性的不同，从低到高，分为 JG_0、JG_1、JG_2、JG_3、JG_4 和 JG_5 六级，并明确规定了各级别制动液应达到的规格要求和使用范围。

（2）制动液的品种和牌号

根据制动液的组成和特性，一般分为醇型、醇醚型、脂型、矿油型和硅油型五种。其中醇醚型和脂型统称为合成型，是目前广泛应用的主要品种。醇型制动液已被淘汰，矿油型制动液我国未被推广使用。硅油型制动液的价值昂贵，目前难以推广使用。

合成型制动液常用的有 HZY_2、HZY_3 和 HZY_4 等三个牌号（GB 12981—1991）。它们的参照标准及与 GB 10830—1998 的对应关系见表 3—1。

表 3—1　　合成型制动液参照的标准与 GB 10830—1998 的对应关系

牌　号	参照标准	与 GB 10830—1998 的对应关系
HZY_2	SAEJ1703	JG_2
HZY_3	ISO4925、DOT3	JG_3
HZY_4	DOT4	JG_4

目前我国有许多按行业标准或企业标准生产的醇醚型和脂型合成制动液，为了便于使用，这些产品达到或基本达到 GB 10830—1998 要求的见表 3—2。

表 3—2　　国产制动液的牌号

国家标准分级	国产制动液的牌号
JG_0	ZSM_{41}　8011B　YRC—115　SRJ—803—1　7100
JG_1	719　4603　ZSM207C　6801　8013B　YRC—200　SRJ803—3
JG_2	ZSM207B　8015　SRJ—803—300
JG_3	4604　ZSM207　BPE8017　7103
JG_4	BPE8019　7104—1

3．制动液的选用

选用制动液时，要求其性能与工作条件相适应，以确保汽车的运行安全。

(1) 根据气温、湿度和道路条件选用制动液。如炎热夏季，在山区或高速公路上行驶，车辆制动强度大，制动液工作温度高。特别是在湿热条件下，一般要求选用 JG_3 或 JG_4 级（HZY_3、HZY_4 等合成制动液），非湿热条件可选用 JG_2（HZY_2 等合成制动液）；在车速不高的平原地区，除冬季外，可使用 JG_1 级制动液；而在严寒冬季，应选用 JG_0 级制动液。

(2) 根据车辆的速度性能，依据其使用说明书选用制动液。

4. 制动液使用注意事项

(1) 各种制动液不能混用。

(2) 按车辆使用说明书的要求，按期更换制动液，更换期一般为 $2\times10^4 \sim 4\times10^4$ km 或一年。更换制动液时必须将制动系统清洗干净。

(3) 制动液属易燃品，应注意防火，存放时避免阳光直射。

二、防冻液

发动机冷却系中使用的冷却介质有两种，一种是用清洁水作冷却液，另一种是由醇类、甘油和水按比例混合成的防冻液。由于防冻液具有冰点低，可以使冷却介质在较低的温度下保持流动性的优点，所以使用广泛。

1. 对防冻液的要求

(1) 有较低的冰点，低温黏度不能太大。

(2) 传热效果好，蒸发损失小。

(3) 对金属的腐蚀要小，不损坏橡胶制品。

(4) 化学安定性好。

(5) 泡沫少。

2. 防冻液的分类

防冻液按组成不同，有酒精—水型、甘油—水型和乙二醇—水型三种。

酒精与水可按任何比例混合组成不同冰点的防冻液。酒精的含量越多，冰点越低。这种防冻液的流动性好，散热快，配制简单。其缺点是易燃，使其不安全，易挥发，挥发后冰点升高过快。

甘油的沸点高，不易蒸发和着火，对金属的腐蚀较小。但降低冰点的效率低，所需甘油较多，成本高。

乙二醇，也叫甘醇，是目前最好的防冻剂。它的沸点高（197.4℃），与水混合后，混合液的冰点可显著降低，最低能达 -68℃。用不同比例的乙二醇和水可以配制成不同冰点的防冻液。乙二醇—水型防冻液的沸点高，挥发损失少，在使用中只需补充蒸发掉的水即可。它的冰点低，热容量大，冷却效率高；黏度小，流动性好。但乙二醇—水型防冻液有毒性，对金属有腐蚀作用，并对橡胶有轻度的侵蚀。目前常用的防冻冷却液多属乙二醇型，其中多加有防腐剂和染色剂，可以长期使用，所以称为长效防冻液。

3. 乙二醇型防冻液的牌号

按石化行业标准 SH0521—92 生产的乙二醇型防冻冷却液按冰点不同，有 -25、-30、-35、-40、-45 和 -50 等 6 个牌号。防冻液产品可以制成浓缩液，由用户加清洁水稀释后使用；也可制成一定冰点的成品直接使用。

4. 乙二醇防冻液的使用

(1) 根据当地冬季最低气温选用适当冰点牌号的防冻液，冰点至少应低于最低气温5℃，如果是浓缩液，应按产品说明书的规定比例加清洁水稀释。

(2) 乙二醇防冻液一般可使用2～3年，入冬前，如有必要可检查、调整防冻液的密度，添加防腐剂，并将防冻液的冰点调到该牌号的最高冰点。

(3) 乙二醇型防冻液不仅有较低的冰点，防止冬季冻结，而且可提高沸点，防止在夏季沸腾，因此可四季使用。

(4) 使用防冻液前应检查冷却系，保证无渗漏。加注时不要过满，一般只加到冷却系总容量的95%，以免温度升高后膨胀溢出。

(5) 乙二醇有毒，使用中严禁用嘴吮吸，手接触后要洗净。

第四节　轮　　胎

一、轮胎的功用与分类

1. 轮胎的功用

轮胎安装在轮辋上，直接与路面接触，主要功用一是支撑汽车的总质量；二是吸收及缓和汽车行驶时受到的冲击和振动；三是保证车轮与路面有良好的附着性，以提高汽车的牵引性和制动性。

2. 轮胎的类型

现代汽车广泛采用充气轮胎，按组成结构可分为有内胎轮胎和无内胎轮胎；按轮胎胎面花纹可分为普通花纹轮胎、越野花纹轮胎和混合花纹轮胎；按轮胎帘布层的结构可分为斜交轮胎和子午线轮胎，如图3—1所示。

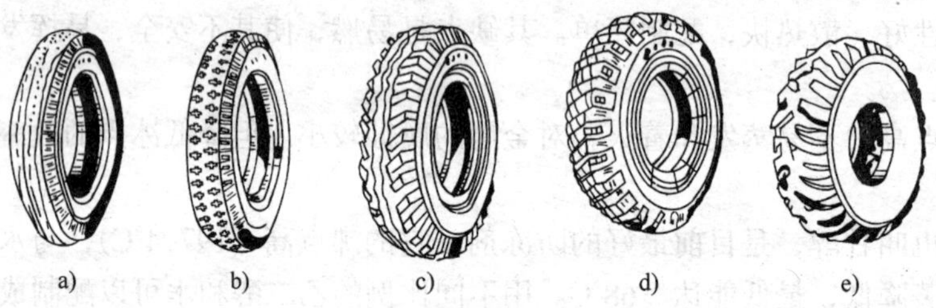

a)　b)　c)　d)　e)

图3—1　轮胎花纹

a)、b) 普通花纹轮胎　c) 混合花纹轮胎　d)、e) 越野花纹轮胎

普通花纹轮胎的特点是花纹沟槽细而浅，花纹块的接地面积较大。它有纵向花纹和横向花纹两种。纵向花纹的滚动阻力小，防侧滑和散热性好，噪声小，高速行驶性能好，但甩石性和排水性较差。横向花纹轮胎耐磨性好，不易夹石，但散热性差，工作噪声大，不宜高速行驶。

越野花纹轮胎的特点是花纹沟槽宽而深，花纹块接地面积较小，防滑性能好。

混合花纹轮胎兼有普通花纹和越野花纹的特点，胎冠中部花纹通常为菱形或纵向锯齿形，而两边多为横向大块越野花纹。其缺点是耐磨性能较差和胎面磨损不均匀等。它适合在各种道路上使用。

二、轮胎的构造

1. 充气轮胎的结构

普通充气轮胎由外胎、内胎和垫带组成，如图 3—2 所示。

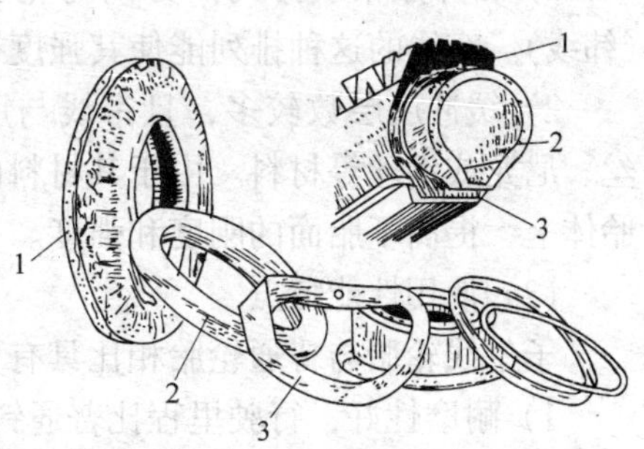

图 3—2 普通充气轮胎

1—外胎 2—内胎 3—垫带

(1) 外胎

外胎用耐磨橡胶制成，强度较高，具有弹性的外壳，直接与地面接触，保护内胎使其不受损伤，结构如图 3—3 所示。

胎面是外胎的表层，包括胎冠、胎肩和胎侧三部分。胎冠与路面接触，直接承受冲击与磨损，并保护胎体免受机械损伤。为了增加轮胎与路面之间的附着力，防止横纵向滑移，在胎冠上有各种形式的花纹。胎肩是胎冠与胎侧的过渡部分，一般也有各种花纹以利防滑和散热。胎侧是贴在帘布层侧壁的薄橡胶层，其作用是保护轮胎侧面的帘布层免受机械损伤及水分侵蚀。

帘布层是外胎的骨架，又称胎体。其主要作用是承受负荷，保持轮胎外缘的尺寸和形状。帘布层一般为多层胶化的棉线或其他纤维编织物所叠成。帘布层的帘线按一定角度交叉排列，普通轮胎的帘线通常与轮胎横断面的交角为 52°～54°，如图 3—4a 所示。

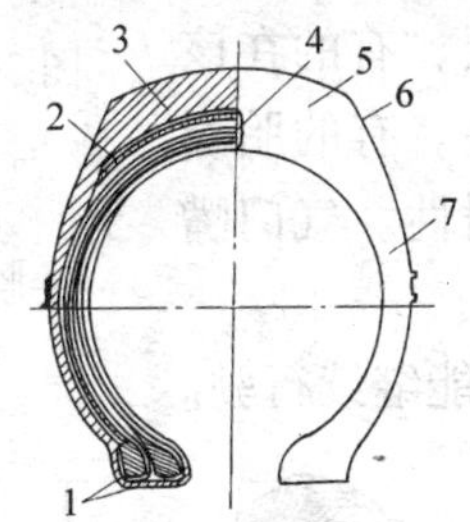

图 3—3 外胎的结构

1—胎圈 2—缓冲层 3—胎面 4—帘布层

5—胎冠 6—胎肩 7—胎侧

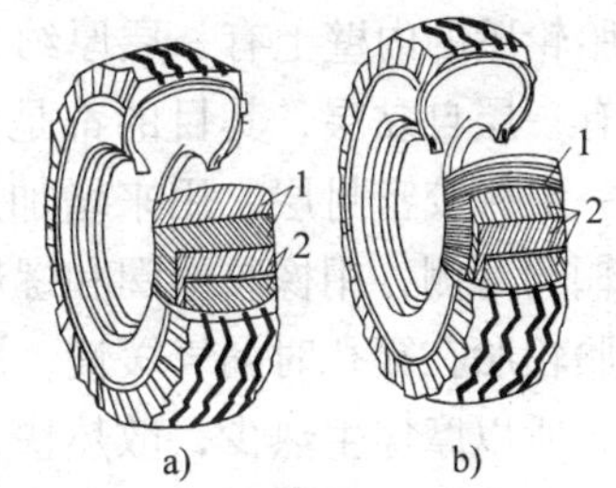

图 3—4 帘布层和缓冲层帘线的排列

a) 普通轮胎 b) 子午线轮胎

1—帘布层 2—缓冲层

缓冲层位于胎面和帘布层之间，其作用是加强胎面与帘布层的结合，以防止在紧急制动时胎面从帘布层上脱离，同时又可减小路面对轮胎的冲击和振动。缓冲层一般由两层较稀疏的帘线和具有较大弹性的橡胶制成。

胎圈是胎体的根基，轮胎靠胎圈固定在轮辋上。胎圈由钢丝圈、帘布层包边和胎圈包布组成。

(2) 内胎

内胎是一个环形的橡胶管，上面装有气门嘴，以便充入或排出空气。

(3) 垫带

垫带是一个环形的橡胶带，它垫在内胎与轮辋之间，保护内胎不被轮辋和胎圈磨坏，并且还防止尘土及水汽浸入胎内。

2. 子午线轮胎的结构

（1）结构特点

子午线轮胎的结构除帘布层帘线的角度和缓冲层的强度与普通充气轮胎不同外，其他组成都与普通充气轮胎基本相同（见图 3—4b）。子午线轮胎的结构特点如下：

1）帘布层帘线排列的方向与轮胎横断面一致，帘线的这种排列很像地球上的子午线（纬线）。帘线的这种排列能使其强度被充分利用，所以它的帘布层数比普通轮胎少。

2）缓冲层层数较多，且帘线与胎面中心线的夹角较小（25°～30°），帘布层常用人造丝、尼龙或钢丝等材料。由于其材料的强度高、伸缩率小，所以缓冲层像一条钢性环带箍在胎体上，提高了胎面的刚度和强度。

（2）使用性能特点

子午线轮胎与普通轮胎相比具有更加优越的使用性能。

1）耐磨性好，行驶里程比普通斜交胎长 50％以上。

2）滚动阻力小，节省燃料。与普通轮胎相比，滚动阻力减小 25％～30％，油耗可降低 3％～5％，最高可达 8％。

3）承载能力大，减振性和附着性能好，胎面耐刺穿、自重轻。

4）子午线轮胎的主要缺点是胎侧易裂口，胎圈易损坏，且侧向稳定性较差。

3. 无内胎轮胎的构造

无内胎轮胎没有内胎和垫带，空气直接充入外胎中。其密封性是由外胎和轮辋来保证的，结构如图 3—5 所示。

图 3—5　无内胎轮胎

1—气密层

2—胎圈橡胶密封层

3—气门嘴

无内胎轮胎的内壁上有一层厚约 2～3 mm 的橡胶气密层，有的在该层下面还有一层自黏层，其目的都是为了提高胎壁的密封性。有的胎圈外侧也有一层橡胶密封层，用来增加胎圈与轮辋贴合的密封性。气门嘴固定在轮辋的一侧，用橡胶垫圈和螺母旋紧密封。

无内胎轮胎在穿孔时漏气缓慢，胎压不会急剧下降，仍能继续行驶。因无内胎，所以摩擦生热少，散热快，更适合于高速行驶。这种轮胎结构简单，质量较小，检修方便。其缺点是密封层和自黏层易漏气。无内胎轮胎必须配用深式轮辋。

三、轮胎的规格

轮胎规格用名义尺寸表示，如图 3—6 所示。图中符号 D 为外胎直径，d 为轮辋直径，B 为断面宽度，H 为断面高度，表示轮胎尺寸的单位均为英寸。

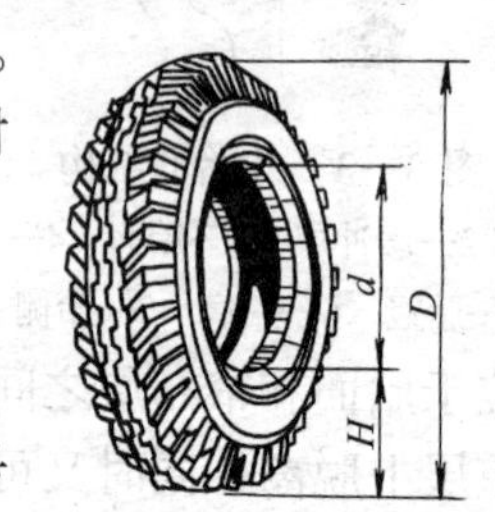

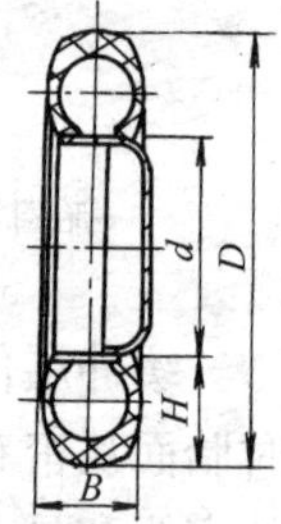

图 3—6　轮胎的尺寸代号

1. 普通斜交轮胎的规格

斜交轮胎的规格用 B—d 表示，“—”表示低压胎。示例如下：

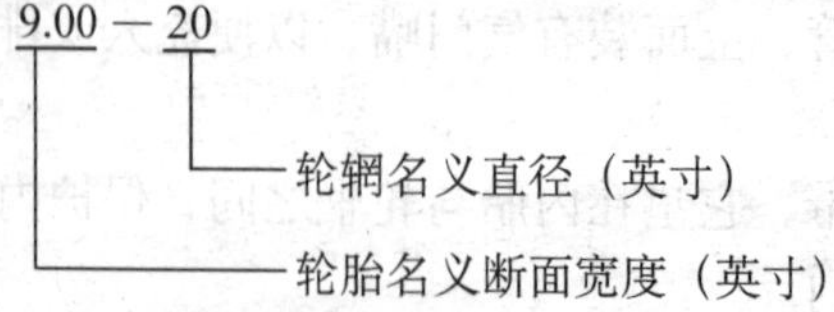

2. 子午线轮胎的规格

国产子午线轮胎用 BRd 表示，其中 R 代表子午线轮胎。载货汽车普通断面子午线轮胎规格示例如下：

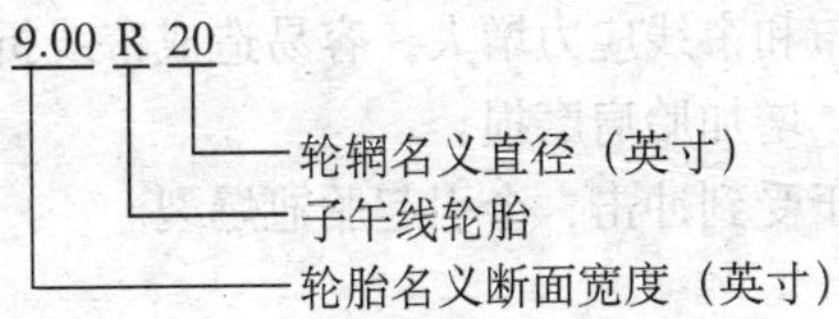

3. 无内胎轮胎的规格

按照 GB/T 2977—1997《载重汽车轮胎系列》的规定，载货汽车普通断面子午线无内胎轮胎规格表示为如下形式：

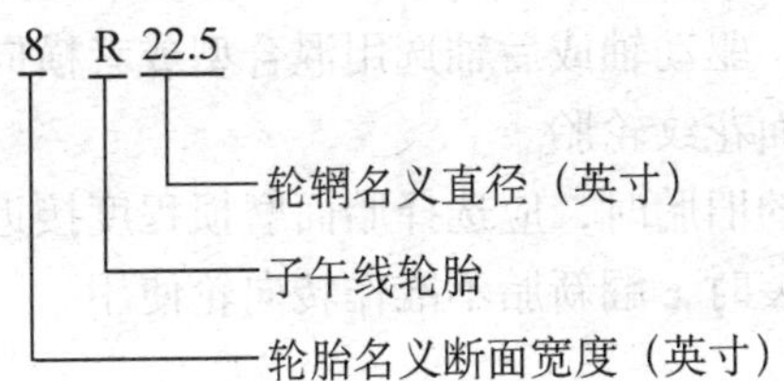

四、轮胎的选配

轮胎的正确选配包括以下内容：

1. 所选轮胎的尺寸规格要符合车辆使用说明书的规定。
2. 所选轮胎的速度等级必须与车辆最高行驶速度相适应。
3. 所选轮胎的负荷能力要与装载质量（t）相适应。
4. 所选轮胎的花纹要与道路条件相适应。

轮胎的尺寸规格、速度等级及负荷能力均标记在胎侧。选用时，可查阅有关国家标准。

五、轮胎的使用

合理使用轮胎，可以降低轮胎的磨损速度，防止不正常的磨损和损坏，延长轮胎的使用寿命。轮胎使用的基本要求如下：

1. 保持气压正常

轮胎充气压力是决定轮胎使用寿命的主要因素，在使用中必须严格按汽车制造厂使用说明书中规定的前后轮标准气压充气。

（1）气压过低的情况

1）胎体变形增大，使内应力增加，并过度生热升温，加速橡胶老化和帘线疲劳，导致帘线折断和帘布脱层。

2）胎面接地面积增大，滑移量增加，磨损加剧。

3）滚动阻力增大，燃料消耗增加。

（2）气压过高的情况

1）胎面接地面积减小，单位压力增高，胎冠部分磨损加剧。

2）材料过度拉伸，轮胎刚性增大，使轮胎在受到冲击时，动载荷增大，易产生胎冠爆裂。

2. 防止轮胎超载

轮胎负荷对其寿命有很大影响，必须按标定的容载量装货载容，不得超载。超载行驶会出现以下情况：

(1) 轮胎变形增大，帘布和帘线应力增大，容易造成帘线折断和帘布脱层。

(2) 轮胎接地面积增大，增加胎肩磨损。

(3) 遇到障碍物时，由于受到冲击，会引起胎冠爆裂。

3. 合理搭配轮胎

(1) 同一车轴上应装配同一规格、结构、层级和花纹的轮胎。双胎并装时，还要求同厂牌，以求负荷均匀，磨耗均匀。

(2) 同一车上的轮胎花纹要尽量一致。轿车前、后轴应选用相同型式的胎面花纹。载货汽车通常前轴选用纵向花纹，驱动轴或后轴选用混合型或者横向花纹轮胎；或者前后轴都选用相同的混合型或纵向型胎面花纹轮胎。

(3) 装用磨损程度不同的旧胎时，应选择胎面磨损程度接近的。直径较大的轮胎应装在后轮外挡。翻新胎与旧胎混装时，翻新胎不准作转向轮使用。

4. 小心驾驶车辆

(1) 驾驶车辆时，应努力做到起步平稳，加速均匀，选择路面，中速行驶，减速转向，少用紧急制动。

(2) 夏季行车应增加停歇次数，以防轮胎过热和内压过高，严禁放气降压和泼冷水降温。

5. 适时进行轮胎换位

通常在汽车二级维护或发现轮胎磨损异常时要进行轮胎换位。

6. 做好日常维护

出车前、行车中和收车后的日常维护主要是检查轮胎气压和有无不正常的磨损和损伤，并及时消除造成不正常磨损和损伤的因素。如检查轮胎螺母是否紧固，检查轮胎夹石和花纹中的石子及杂物，摸试轮胎温度等。

第四章 汽车构造

第一节 概 述

一、汽车的类型

现代汽车的类型很多，主要有轿车、客车、货车、牵引车、特种车、工矿自卸车和越野车七类。

1. 轿车

乘坐人数 9 人（含驾驶员）以下的小型载客汽车称为轿车。轿车按发动机工作容积（排量）可分为微型轿车（1 L 以下）、普通轿车（1～1.6 L）、中级轿车（1.6～2.5 L）、中高级轿车（2.5～4 L）、高级轿车（4 L 以上）。

2. 客车

乘坐 9 人以上（不含驾驶员）的载客汽车称为客车。客车有单、双层形式，通常分为旅行客车、城市公共客车、长途客车等类型，各种类型的客车因用途不同而各有特点。客车通常按车辆长度可分为微型客车（3.5 m 以下）、轻型客车（3.5～7 m）、中型客车（7～10 m）、大型客车（10～12 m）、特大型客车（包括铰接式和双层客车）。

3. 货车

主要用于装运货物的汽车称为货车。按额定装载质量（t），货车分为轻型货车（总质量 1.8～6 t）、中型货车（总质量 6～14 t）、重型货车（总质量 14 t 以上）。

4. 牵引汽车

主要用于牵引挂车的汽车称为牵引汽车，它自身不载货物。

5. 特种汽车

用于完成特定任务的汽车称为特种车。商用售货车、冷藏车、环保作业车、救护车、汽油和化学品装运车、市政建设工程车、公安消防车、竞赛汽车、娱乐汽车等都属于特种作业汽车。

6. 工矿自卸车

主要指用于矿区工地运输矿石、沙土等散装货物，车厢能自动倾翻的汽车。

7. 越野车

主要指能在复杂的无路地面上行驶的高通过性汽车。越野汽车常采用全轮驱动，并配备越野轮胎。越野汽车按其总质量可分为轻型越野汽车（总质量小于 5 t）、中型越野汽车（总质量为 5～13 t）、重型越野汽车（总质量大于 13 t）。

二、汽车型号

根据《汽车产品型号编制规则》的规定，汽车产品型号由企业名称代号、车辆类型代号、主参数代号、产品序号组成。必要时可附加专用汽车分类代号和企业自定代号。其形式如下：

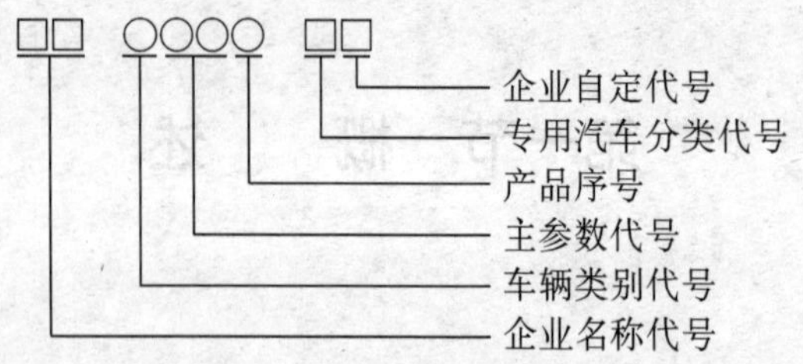

1. 企业名称代号

用两个或三个汉语拼音字母表示，是识别企业名称的代号。如“EQ”代表东风汽车工业公司，“BJ”为北京，“JN”为济南等。第一汽车集团公司用“CA”表示，“CA”是原引拉丁文的含义，C为拉丁文“汽”的第一字母，用来表示“汽车制造厂”，A为拉丁字母的第一个字母，用来表示“第一”之意。

2. 车辆类别代号

用一位阿拉伯数字表示。1表示货车，2表示越野车，3表示自卸汽车，4表示特种车，5表示牵引车，6表示大客车，7表示轿车，8表示挂车，9表示半挂车和长货挂车。

3. 主参数代号

用两位阿拉伯数字表示：

(1) 货车、越野汽车、自卸汽车、牵引车、半挂车的主参数代号为车辆的总质量（t)。如EQ1090，主参数代号“09”代表该车总质量为9 t。

(2) 客车的主参数代号代表该车的总质量（t）及总长度（m)。

(3) 轿车的主参数代号为发动机排量（L)。如TJ7100，“100”代表该车发动机排量为1 L（四舍五入取整数)。

4. 产品序号

用来表示该企业生产的同类产品的第几种车型。“0”为第一种车型，“1”为第二种车型（或为第一次改进设计后的产品)。阿拉伯数字按0、1、2、…依次使用。

5. 专用汽车分类代号

用一个汉语拼音字母表示专用汽车类型，如G表示罐车，X表示箱式汽车，T表示特种结构汽车等。

6. 企业自定代号

用汉语拼音字母或阿拉伯数字表示。基本车型无此代号。同一种汽车结构有变化而需要与基本车型区别时，常用A、B、C等自定代号表示，在产品说明书中加以解释。

三、汽车的总体构造

各类汽车的总体构造有所不同，但基本上由发动机、底盘、车身和电气设备四个部分组成。典型货车的总体构造如图4—1所示。

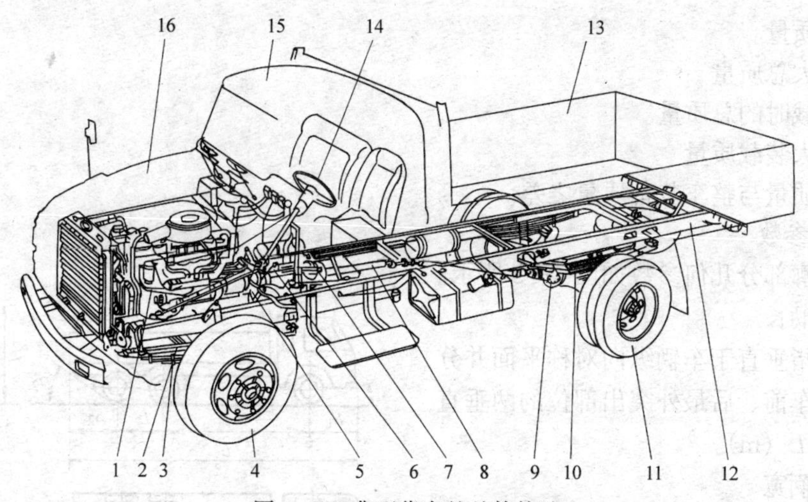

图 4—1　典型货车的总体构造

1—发动机　2—前轴　3—前悬架　4—转向车轮　5—离合器　6—变速器
7—驻车制动器　8—传动轴　9—驱动桥　10—后悬架　11—驱动车轮
12—车架　13—车厢　14—转向盘　15—驾驶室　16—车前钣金制件

1. 发动机

发动机是汽车的动力装置，作用是将进入发动机气缸的燃料燃烧放出的热能转换为机械能并输出动力。

2. 底盘

底盘是汽车构成的基础，由传动系、行驶系、转向系和制动系四大部分组成。

传动系由离合器、变速器、方向传动装置和驱动桥等总成组成，其功用是把发动机的动力传给驱动车轮。

行驶系由车架、车桥、车轮、悬架等组成，其功用是把汽车各总成、部件连接成一整体，支承全车并保证汽车行驶。

转向系由转向盘、转向器和转向传动装置组成，其功用是使汽车按驾驶员所规定的方向行驶。

制动系由制动器和制动传动装置组成，其功用是迅速降低汽车行驶速度直至停车。

3. 车身

车身用以乘坐驾驶员、旅客或装载货物。货车的车身由驾驶室及货箱组成，而客车、轿车的车身一般为一整体。部分客车或轿车的车身兼有车架的作用。

4. 电气设备

电气设备由电源（发电机蓄电池）、发动机的启动系、点火系及照明、信号和仪表装置等组成。另外现代汽车上使用的各种电子设备、微处理机等也属电气设备的范围。

四、汽车的主要技术参数

汽车的主要技术性能，通常用技术参数来表示。

1. 质量参数

(1) 整车装备质量

汽车完全装备后的质量，包括发动机、底盘、车身、全部电气设备的质量；车辆正常行驶所需辅助设备的质量及润滑油、燃料、冷却液的质量；还要加上随车工具、备用车轮及其他备用品的质量。

(2) 最大总质量

汽车满载时的总质量。

(3) 最大装载质量

最大总质量与整车装备质量之差。

2. 几何参数

汽车外廓部分几何参数如图 4—2 所示。

(1) 车辆长

车辆长指垂直于车辆纵向对称平面并分别抵靠在汽车前、后最外突出部位的两垂直面间的距离 L (m)。

(2) 车辆宽

车辆宽指平行于车辆纵向对称平面并分别抵靠车辆两侧最外刚性固定突出部位(除后视镜、侧面标志灯、方位灯、转向指示灯等)的两平面之间的距离 B (mm)。

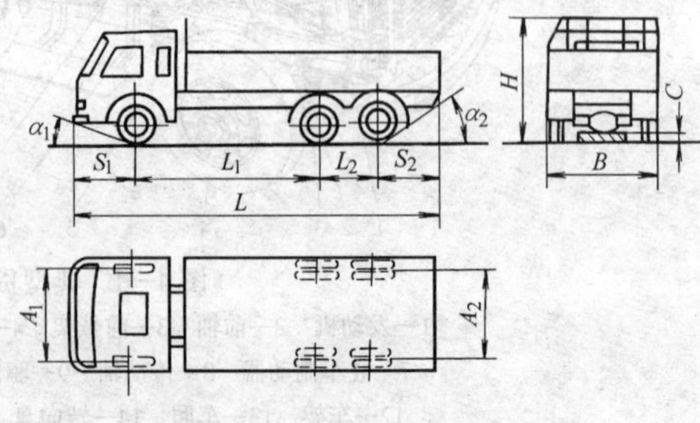

图 4—2 汽车外廓

(3) 车辆高

车辆高指车辆最高点与车辆支承平面之间的距离 H (mm)。

(4) 轴距

轴距指汽车处于直线行驶位置时,同侧车轮前轴中心至后轴中心的距离 L_1 (mm)。如为三轴汽车,则为同侧车轮前轴中心至中轴中心间的距离及中轴中心至后轴中心的距离。

(5) 轮距

轮距指在支承平面上,同轴左右车轮两轨迹中心间的距离 A_1 (mm)。轴两端为双轮时,轮距为左右两条双轨迹的中线间的距离 A_2 (mm)。

(6) 前悬

前悬指汽车处于直线行驶位置时,通过两前轮中心的垂面与抵靠在车辆最前端并垂直于车辆纵向对称平面的垂面之间的距离 S_1 (mm)。

(7) 后悬

后悬指通过车辆最后车轮轴线的垂面与抵靠在车辆最后端并垂直于车辆纵向对称平面的垂面之间的距离 S_2 (mm)。

(8) 最小离地间隙

最小离地间隙指满载时,车辆支承平面与车辆最低点之间的距离 C (mm)。

(9) 接近角

接近角指汽车前端突出点向前轮引的切线与地面的夹角 α_1 (°)。

(10) 离去角

离去角指汽车后端突出点向后轮引的切线与地面的夹角 α_2 (°)。

(11) 最小转向半径

最小转向半径指转向盘转到极限位置时,外侧前轮滚过的轨迹中心至转向中心的距离 (mm)。

3. 使用参数

(1) 最高车速

最高车速指汽车满载在平坦公路上行驶时能达到的最高速度（km/h）。

(2) 最大爬坡度

最大爬坡度指汽车满载时的最大爬坡能力（°）。

(3) 平均燃料消耗量

平均燃料消耗量指汽车在公路上行驶时平均的燃料消耗量（L/100 km）。

第二节　发动机的基本结构

一、发动机的种类

现代汽车所用的发动机主要是往复活塞式内燃机，其特点是燃料在气缸内部燃烧，将热能直接转变为机械能。

车用内燃机根据活塞运动方式可分为往复活塞式和旋转活塞式；按工作冲程可分为四冲程和二冲程；按所使用的燃料可分为汽油机和柴油机等。

二、发动机编号

根据国家标准 GB/T 725—1991《内燃机产品名称和型号编制规则》，国产发动机的编号由阿拉伯数字和汉语拼音字母组成，其型号的排列顺序及符号所代表的含义规定如下所示。

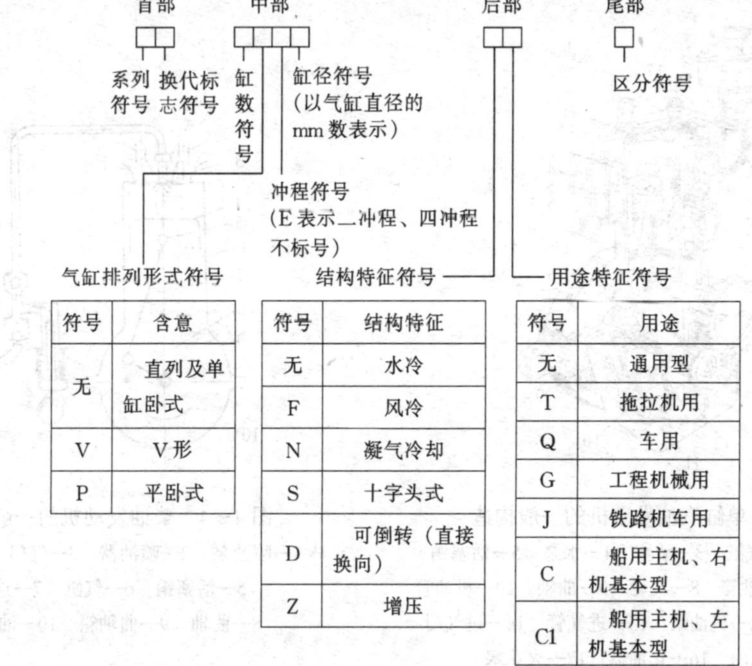

符号	含意
无	直列及单缸卧式
V	V形
P	平卧式

符号	结构特征
无	水冷
F	风冷
N	凝气冷却
S	十字头式
D	可倒转（直接换向）
Z	增压

符号	用途
无	通用型
T	拖拉机用
Q	车用
G	工程机械用
J	铁路机车用
C	船用主机、右机基本型
C1	船用主机、左机基本型

三、发动机的组成

发动机的基本构造大同小异。汽油机通常由两大机构和五大系统组成。柴油发动机通常由两大机构和四大系统组成（无点火系）。具体组成如下：

- 发动机组成
  - 曲柄连杆机构
    - 气缸体曲轴箱组：气缸体、气缸盖、气缸垫、上曲轴箱、下曲轴箱（油底壳）等
    - 活塞连杆组：活塞、活塞环、活塞销、连杆等
    - 曲轴飞轮组：曲轴、飞轮等
  - 配气机构
    - 气门组：气门、气门导管、气门弹簧等
    - 气门传动组：凸轮轴、挺杆、推杆、摇臂、摇臂轴、凸轮轴正时齿轮等
  - 燃料供给系
    - 汽油机：油箱、汽油滤清器、化油器、空气滤清器、进气歧管、排气歧管等
    - 柴油机：油箱、柴油滤清器、输油泵、喷油泵、空气滤清器、进气歧管、排气歧管等
  - 冷却系——散热器、风扇、百叶窗、水泵、节温器、分水管等
  - 润滑系——机油滤清器、集滤器、机油泵、限压阀、旁通阀等
  - 点火系——蓄电池、发电机、点火开关、点火线圈、分电器、火花塞等
  - 启动系——启动机及其附属装置

单缸汽油发动机的一般构造如图 4—3 所示。

柴油发动机的一般构造示意图如图 4—4 所示，它由气缸、曲轴箱、活塞、活塞销、连杆、曲轴、气门、喷油泵、飞轮等组成。其结构大体上与汽油机相同，但由于使用的燃料不同，可燃混合气形成和发火燃烧的方式不同。柴油机没有化油器、火花塞，而设置了喷油泵和喷油器等。喷油泵将柴油压力提高后，经喷油器成雾状喷入气缸，与压缩后的高温、高压空气进行混合并自行燃烧。

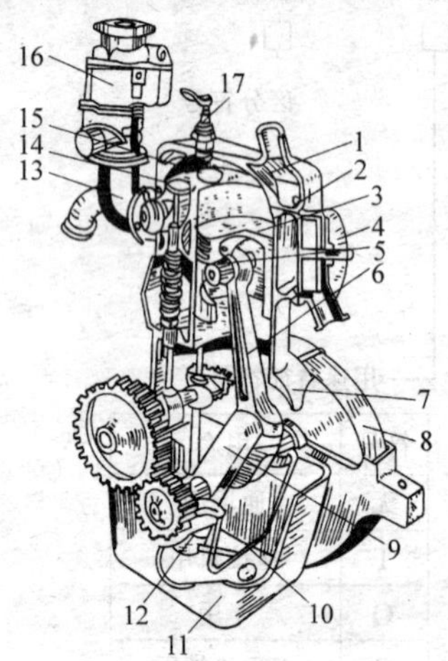

图 4—3　单缸汽油发动机的一般构造

1—缸盖　2—气缸　3—活塞　4—水泵　5—活塞销　6—连杆　7—曲轴箱　8—飞轮　9—曲轴　10—机油管　11—油底壳　12—机油泵　13—进气管　14—进气门　15—排气门　16—化油器　17—火花塞

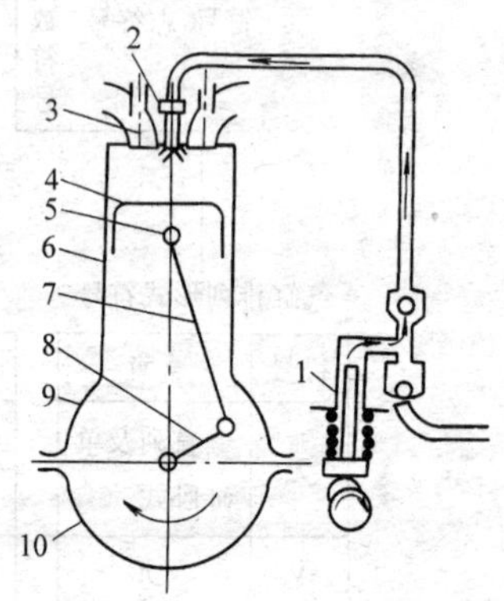

图 4—4　柴油发动机的一般构造

1—喷油泵　2—喷油器　3—气门　4—活塞　5—活塞销　6—气缸　7—连杆　8—曲轴　9—曲轴箱　10—油底壳

四、基本术语

活塞在气缸中做往复直线运动，通过连杆连接曲轴，曲轴做旋转运动，如图 4—5 所示。

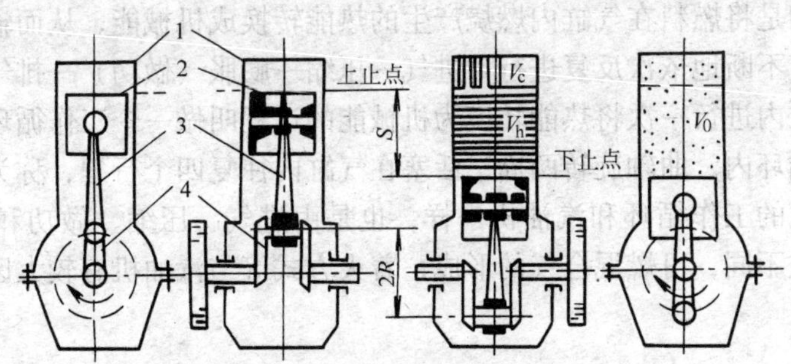

图 4—5 往复式发动机基本的运动关系图

1—气缸 2—活塞 3—连杆 4—曲轴

1. 上止点

上止点指活塞顶离曲轴回转中心的最远处，即活塞在气缸中的最高位置。

2. 下止点

下止点指活塞顶离曲轴回转中心的最近处，即活塞在气缸中的最低位置。

3. 活塞行程（S）

活塞行程指上、下两止点间的距离，通常用 S 表示，单位为 mm。若曲轴回转半径（曲轴与连杆大端连接中心至曲轴回转中心的距离）为 R，则 $S=2R$。

4. 气缸工作容积（V_h）

气缸工作容积指活塞从上止点移动到下止点所经过的空间的容积，单位为 L。

$$V_h=\frac{\pi D^2}{4\times10^6}S\text{（L）}$$

式中 D——气缸直径，mm。

发动机工作容积（V_L）指发动机所有气缸工作容积的总和，也称发动机排量。如果气缸数为 i，则 $V_L=V_h i$（L）。

5. 燃烧室容积（V_c）

燃烧室容积指活塞在上止点时，活塞顶上面的空间叫做燃烧室容积，单位为 L。

6. 气缸总容积（V_a）

气缸总容积指活塞在下止点时，活塞顶上面整个空间的容积，等于气缸工作容积与燃烧室容积之和，即：

$$V_a=V_h+V_c$$

7. 压缩比（ε）

压缩比指气缸总容积与燃烧室容积的比值，即：

$$\varepsilon=\frac{V_a}{V_c}=\frac{V_h+V_c}{V_c}=1+\frac{V_h}{V_c}$$

压缩比表示活塞由下止点移动到上止点时，气缸内气体被压缩的程度。压缩比越大，压缩终了时气缸内气体的压力和温度越高。

目前一般汽油机的压缩比为 6～11，柴油机压缩比为 16～22。

五、四冲程发动机的工作过程

发动机的功能是将燃料在气缸内燃烧产生的热能转换成机械能，从而输出动力。上述能量转换过程是通过不断地依次反复进行“进气—压缩—膨胀（做功）—排气”四个过程来实现的。发动机气缸内进行一次将热能转换为机械能的过程叫做一个工作循环。

在一个工作循环内，曲轴旋转两周，活塞在气缸内往复四个行程，称为四冲程发动机。

四冲程柴油机的工作循环和汽油机一样，也是由进气、压缩、做功和排气四个冲程组成。由于燃料性质不同，可燃混合气的形成、着火方式等与汽油机有较大区别。

第三节　曲柄连杆机构

一、曲柄连杆机构的功用与组成

1. 曲柄连杆机构的功用

曲柄连杆机构的功用是把燃烧气体作用在活塞顶上的力转变为曲轴的转矩，并通过曲轴对外输出机械能。

2. 曲柄连杆机构的组成

曲柄连杆机构的零件按其结构特点和运动形式分为三组：气缸曲轴箱、活塞连杆组和曲轴飞轮组。

二、曲柄连杆机构主要机件的构造

1. 缸体曲轴箱

缸体曲轴箱是发动机的机体，其主要作用是承受发动机负荷，用于安装发动机的所有零件和附件。

(1) 气缸体

水冷发动机的气缸体通常与上曲轴箱铸成一体，称为气缸体。气缸体上半部有一个或若干个对在其中运动的活塞起导向作用的圆柱形空腔，称为气缸。下半部为支承曲轴的曲轴箱，其腔为曲轴运动的空间。EQ6100—Ⅰ型发动机气缸体结构如图 4—6 所示。

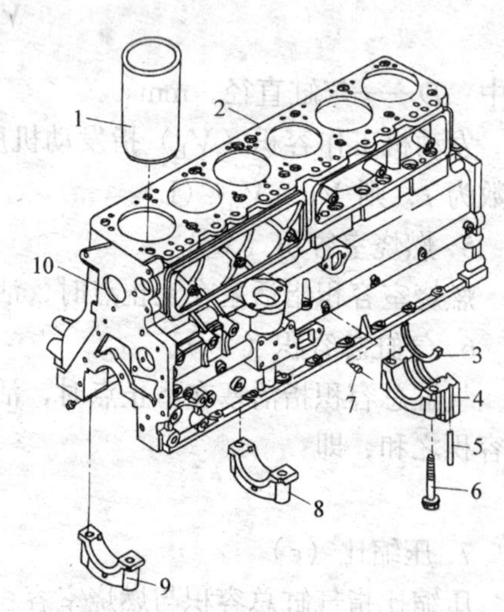

图 4—6　EQ6100—Ⅰ型发动机气缸体结构

1—气缸套　2—气缸体　3—盘根　4—后主轴承盖　5—油封条　6—螺栓　7—油堵　8—中间主轴承盖　9—主轴承盖　10—水套孔

对于多缸发动机，气缸的排列形式决定了发动机外形尺寸和结构的特点，对发动机缸体的刚度和强度也有影响，并关系到汽车的总体布置情况。发动机气缸排列形式主要有单列式、V 形和对置式三种，如图 4—7 所示。

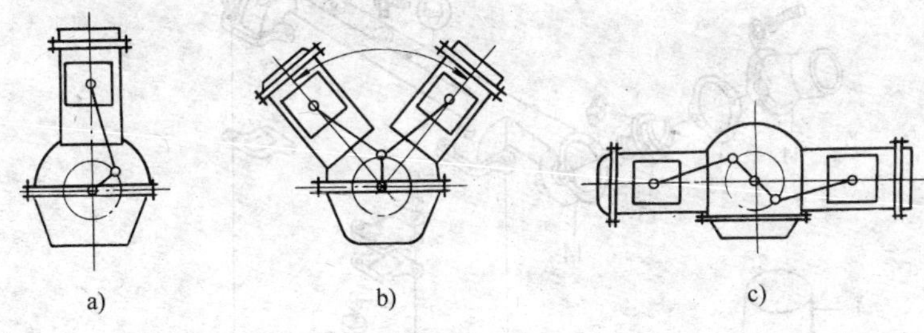

图 4—7　多缸发动机气缸排列形式

a) 单列式　b) V 形　c) 对置式

(2) 气缸套

气缸套用耐磨性较好的合金铸铁或合金钢制造，镶入气缸孔内，以延长气缸使用寿命，而气缸体则可用价格较低的优质灰铸铁或铝合金等材料制造。

气缸套有干式和湿式两种，具体结构形式如图 4—8 所示。

干式气缸套如图 4—8a 所示，气缸套不直接与冷却水接触，壁厚一般为 1～3 mm。

湿式气缸套如图 4—8b 所示，气缸套直接与冷却水接触，壁厚一般为 5～9 mm。气缸套的外表面有两个保证径向定位的凸出的圆环带 A 和 B，分别称为上支承定位带和下支承密封带。缸套的轴向定位利用上端的凸缘 C。

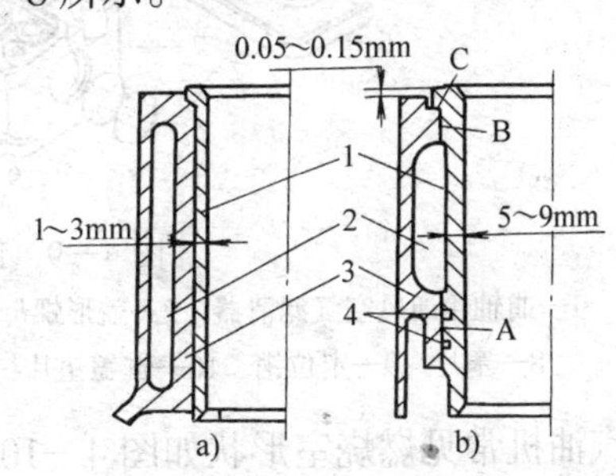

图 4—8　气缸套

a) 干式气缸套　b) 湿式气缸套

1—气缸套　2—水套　3—气缸体　4—密封橡胶环

A—下支承密封带　B—上支承定位带　C—缸套凸缘

缸套装入座孔后，通常顶面略高出气缸体上平面 0.05～0.15 mm。这样当紧固气缸盖螺栓时，可将气缸垫压得更紧，以保证气缸的密封性。

(3) 气缸盖与燃烧室

1) 气缸盖的主要功用是密封气缸上部，并与活塞顶部和气缸壁一起构成燃烧室。图 4—9 为 EQ6100—Ⅰ型发动机的缸盖。

气缸盖的结构比较复杂，有水套（水冷）或散热片（风冷）；有燃烧室及进排气通道；有火花塞座孔（汽油机）或喷油器座孔（柴油机）；有与缸体密封的平面、安装气门装置和其他零部件的定位面及润滑油道等。不同形式发动机气缸盖的结构随气门布置和冷却方式的不同而不同。

气缸盖一般采用灰铸铁或合金铸铁铸成。只有少数汽油机缸盖用铝合金铸造，以利于提高压缩比。

2) 燃烧室由活塞顶部及缸盖上相应的凹部空间组成。燃烧室的形状对发动机的工作影响很大。对燃烧室的基本要求，一是结构尽可能紧凑，冷却面积要小，以减少热量损失及缩短火焰行程；二是使可燃混合气在压缩终了时具有一定的涡流运动，以提高可燃混合气燃烧速度，保证混合气得到及时、完全和充分地燃烧。

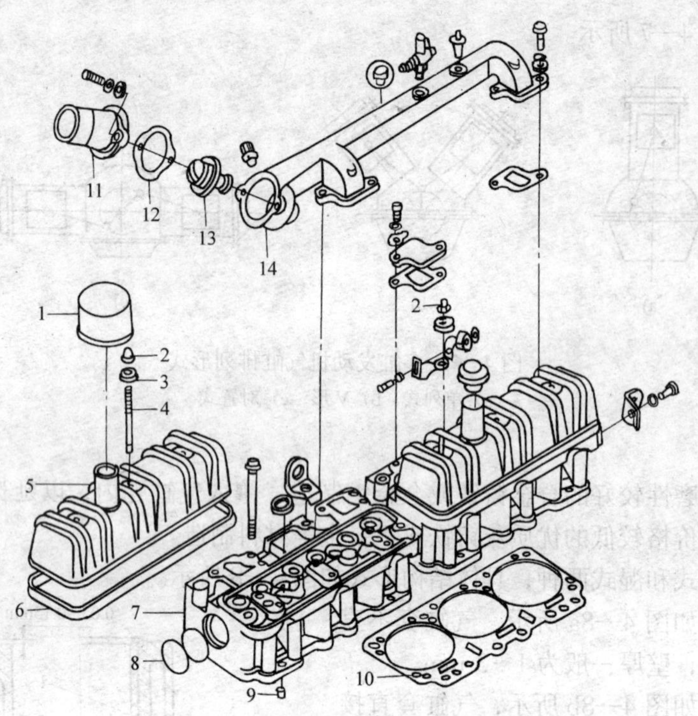

图 4—9　EQ6100—Ⅰ型发动机的缸盖

1—曲轴箱通风空气滤清器　2—盖形螺母　3—密封垫　4—螺柱　5—前缸盖罩　6—密封条　7—缸盖　8—塞片　9—定位销　10—缸盖垫片　11—节温器罩　12—衬垫　13—节温器　14—缸盖出水管

汽油机常见燃烧室形状如图 4—10 所示。

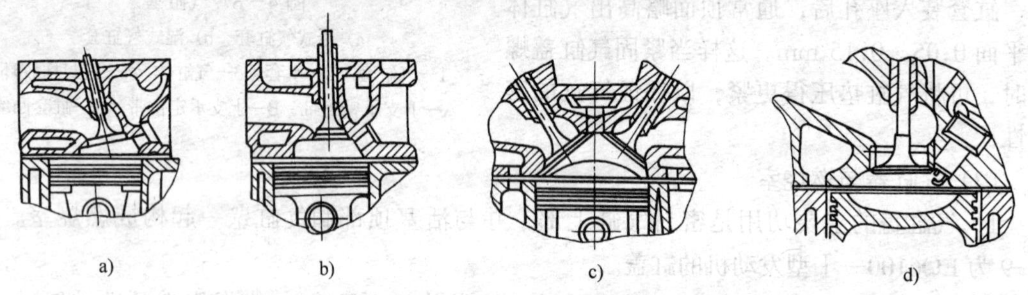

图 4—10　汽油机燃烧室形状

a）楔形　b）盆形　c）半球形　d）扁球形

（4）气缸垫

气缸垫安装在气缸盖与气缸体之间，用以保证接合面的密封，防止漏气、漏水和窜油。目前应用较多的是金属—石棉气缸盖衬垫，如图 4—11 所示。

石棉中间夹有金属丝或金属屑，外边覆盖铜皮或钢皮，水孔和燃烧室孔周围用镶边加强，以提高强度和耐高温性。

金属—石棉气缸盖衬垫由于缸口翻边一面的金属多，会使与它接触的平面产生压痕，因此翻边应朝向易修整的接触面或不易变形的硬平面。如果缸盖与缸体同为铸铁时，翻边一面应朝向易修整的缸盖，如果是铝合金缸盖，则翻边一面应朝向缸体（硬平面）。

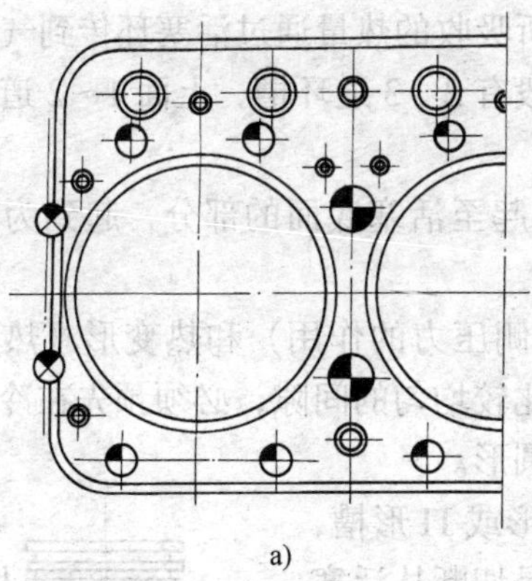
a)

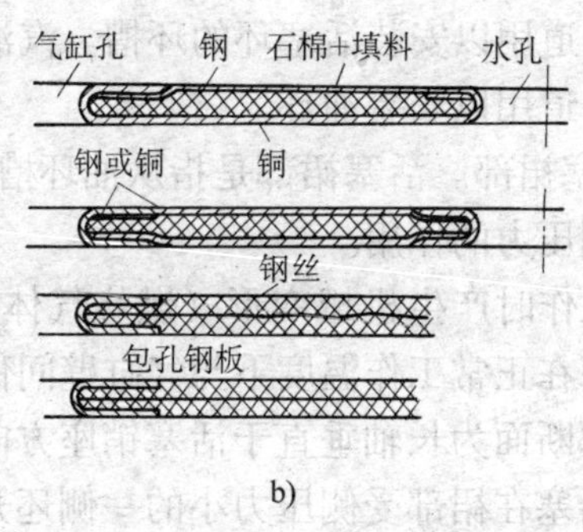

b)

图 4—11　金属—石棉缸盖衬垫

a）外形图　b）断面形式

2. 活塞连杆组

活塞连杆组由活塞、活塞销、连杆等机件组成，如图 4—12 所示。

（1）活塞

活塞顶部与缸盖及缸壁共同组成燃烧室，承受气缸内气体压力，并通过活塞销和连杆传给曲轴。

活塞可分为顶部、头部、裙部及销座四部分，如图 4—13 所示。

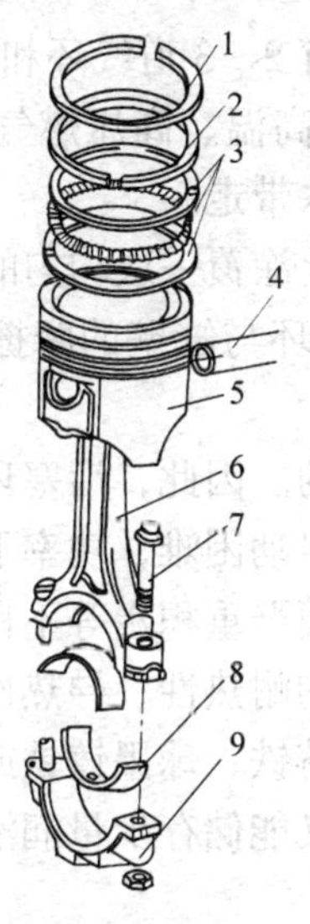

图 4—12　活塞连杆组

1、2—气环　3—油环　4—活塞销
5—活塞　6—连杆　7—连杆螺栓
8—连杆轴承　9—连杆盖

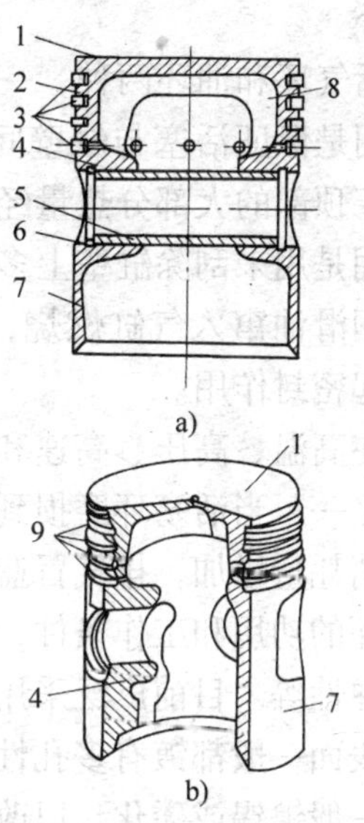

图 4—13　活塞结构剖示图

a）全剖　b）部分剖

1—活塞顶部　2—活塞头部　3—活塞环　4—活塞销座　5—活塞销
6—活塞销卡环　7—活塞裙部　8—加强肋　9—环槽

1）活塞顶部。活塞顶部是燃烧室的组成部分，其形状与选用的燃烧室形式有关。汽油机活塞顶部多采用平顶。

2）活塞头部。活塞环槽以上的部分为活塞头部，其主要作用是承受气体压力，并传给连杆，与活塞环一起实现气缸的密封，将活塞顶所吸收的热量通过活塞环传到气缸壁上。头部切有若干道用以安装活塞环的环槽。汽油机一般有2～3道环槽，上面1～2道用以安装气环，下面一道用以安装油环。

3）活塞裙部。活塞裙部是指从油环槽下端面起至活塞底面的部分，起到为活塞运动导向和承受侧压力的作用。

活塞工作时产生机械变形（燃烧气体压力与侧压力的作用）和热变形（热膨胀作用）。为了使活塞在正常工作温度下与气缸壁间保持有比较均匀的间隙，必须预先在冷态下把活塞制成其裙部断面为长轴垂直于活塞销座方向的椭圆形。

有的活塞在裙部受侧压力小的一侧还开有T形或Π形槽，如图4—14所示。其中横槽叫做绝热槽，其作用是切断从活塞头部向裙部传输热流的部分通道，以减少传到裙部的热量。纵槽也叫做膨胀槽，其作用是使裙部具有一定的弹性，从而使冷态下的装配间隙尽可能小，而在热状态下又因切槽的补偿作用，活塞不致在气缸中卡死。

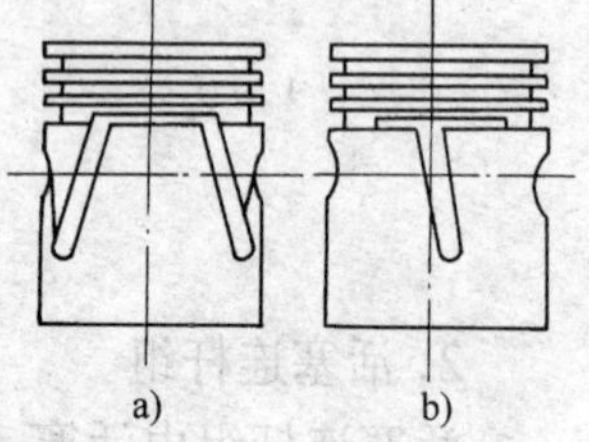

图4—14 活塞开槽

a) Π形槽 b) T形槽

4）活塞销座。活塞销座是活塞通过活塞销与连杆的连接部分，作用是将活塞顶部气体作用力经活塞销传给连杆。销座为厚壁圆筒结构，用以安装活塞销，通常有加强肋与活塞内壁相连，以提高其刚度。销座内有安装弹性卡环的槽。卡环用来防止活塞销发生轴向窜动。

(2) 活塞环

活塞环包括气环和油环两种，一般发动机每个活塞上装有2～3道气环和1～2道油环。

气环的作用是保证活塞与缸壁间的密封，防止气缸中的高温、高压燃气大量漏入曲轴箱，同时使活塞顶部的大部分热量经气环传给缸壁，由冷却水带走。

油环的作用是用来刮除缸壁上多余的润滑油，并在缸壁上涂覆一层均匀的润滑油膜，这样既可以防止润滑油窜入气缸燃烧，又可以减小活塞、活塞环与缸壁的摩擦力和磨损。此外，油环也兼起密封作用。

活塞环是在高温、高压、高速和润滑困难的条件下工作的。因此，活塞环是发动机中寿命最短的零件之一。当活塞环磨损到失效时，将出现发动机启动困难，功率下降，曲轴箱压力升高，机油消耗量增加，排气冒蓝烟，燃烧室、活塞等表面严重积炭等不良状况。

根据活塞环的功用和工作条件，要求环的材料应有良好的耐热性、导热性、耐磨性、磨合性、韧性和弹性等。目前广泛采用的活塞环材料是优质灰铸铁、球墨铸铁或合金铸铁。第一道气环工作表面一般都镀有多孔性铬，既可提高其硬度，又能储存少量润滑油改善润滑条件。其余气环一般镀锡或磷化，以改善磨合性。

油环分为普通油环和组合油环两种，如图4—15所示。

(3) 活塞销

活塞销是一个空心的圆柱体零件，其作用是连接活塞与连杆，将活塞承受的力传给连杆。

活塞销与活塞销座孔和连杆小端衬套孔的连接配合，一般采用“全浮式”，即在发动机运转过程中，活塞销不仅可以在连杆小端衬套孔内转动，还可以在销座孔内缓慢地转动，以使活塞销各部分的磨损比较均匀。

图 4—15 油环

a）普通油环 b）组合油环

1—刮油片 2—轴向衬环 3—径向衬环

（4）连杆

连杆的功用是将活塞承受的力传给曲轴，并使活塞的往复运动转变为曲轴的旋转运动。连杆受力比较复杂，要求其在质量尽可能小的条件下有足够的刚度和强度。连杆一般用中碳钢或合金钢经模锻或辊锻而成，然后再经机加工和热处理。

连杆由小端、杆身、大端三部分组成，小端与活塞销相连，如图 4—16 所示。

连杆大端与曲轴的曲柄销相连，一般做成剖分式的连杆盖与连杆大端采用组合镗口，为了防止装配时配对错误，在同一侧有配对记号。连杆大头的切口形式分为平切口和斜切口两种，平切口连杆的剖切面垂直于连杆轴线。

连杆轴瓦是剖分成两半的滑动轴承，安装在连杆大端孔中。

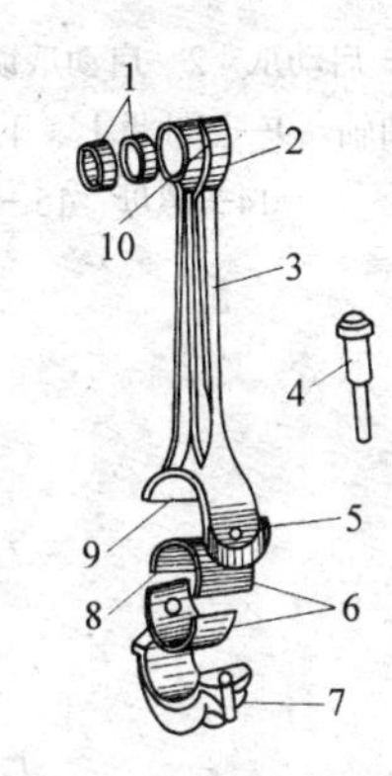

图 4—16 连杆分解图

1—连杆衬套 2—连杆小端 3—连杆杆身 4—连杆螺栓 5—连杆大端 6—连杆轴瓦 7—连杆盖 8—轴瓦上凸键 9—凹键 10—集油槽

3. 曲轴飞轮组

曲轴飞轮组主要由曲轴、飞轮和附件组成。附件的种类和数量取决于发动机的结构和性能要求。图 4—17 所示为 EQ6100—Ⅰ型汽油机的曲轴飞轮组分解图。

（1）曲轴

1）曲轴的功用主要是把活塞连杆组传来的气体作用力转变为扭矩。另外，还用来驱动配气机构及其他各种辅助装置。

2）曲轴由前端轴、主轴颈、曲柄销（连杆轴颈）、曲柄、平衡重及后端凸缘等部分组成，如图 4—18 所示。一个曲柄销和它两端的曲柄及主轴颈构成一个曲拐。曲轴的曲拐数取决于气缸数目和排列方式。直列式发动机曲轴的曲拐数等于气缸数，V 形排列发动机曲轴的曲拐数等于气缸数的一半。

（2）飞轮

飞轮是一个转动惯量很大的铸铁圆盘，主要作用是把作功冲程的部分能量储存起来，以便在其他冲程中克服阻力，带动曲柄连杆机构越过上、下止点，保证曲轴的旋转角速度和输出转矩尽可能均匀，并使发动机有可能克服短时间的超负荷。另外，飞轮还是传动系中摩擦离合器的驱动件。

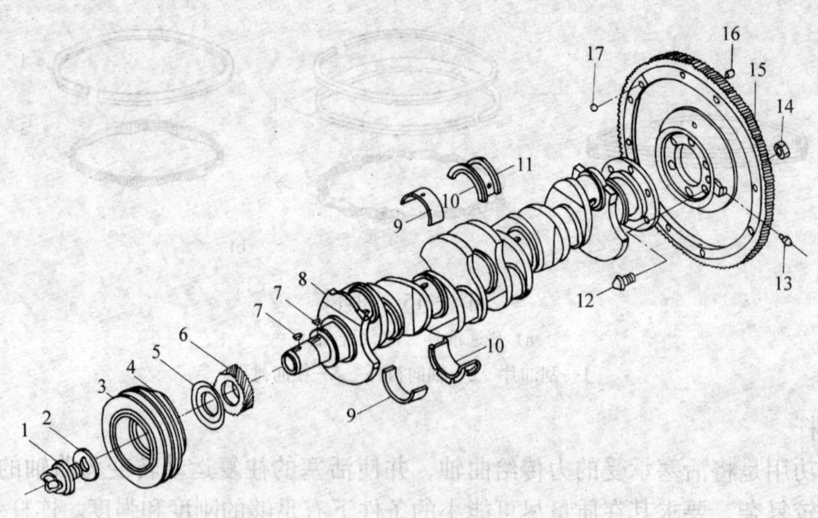

图 4—17　曲轴飞轮组分解图

1—启动爪　2—启动爪锁紧垫圈　3—扭转减振器　4—带轮　5—挡油片　6—正时齿轮　7—半圆键　8—曲轴　9—主轴承上、下轴瓦　10—中间主轴承上、下轴瓦　11—止推片　12—螺栓　13—直通滑脂嘴　14—螺母　15—齿环　16—圆柱销　17—第一、第六缸活塞压缩上止点记号用钢球

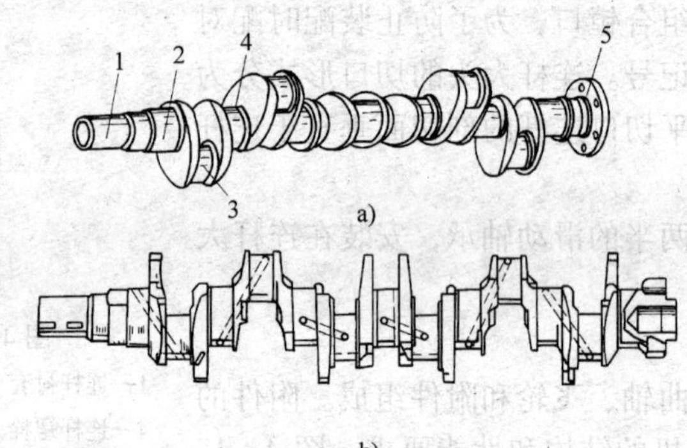

图 4—18　曲轴

a）曲轴组成　b）曲轴油道

1—曲轴前端轴　2—主轴颈　3—曲柄销　4—曲柄　5—后端凸缘

第四节　配 气 机 构

一、配气机构的功用与组成

1. 配气机构的功用

配气机构的功用是按照发动机各缸的做功次序和每一缸工作循环的要求，适时地开启和关闭各气缸的进、排气门，使可燃混合气（汽油机）或空气（柴油机）及时进入气缸，并将废气及时排出气缸。

2. 配气机构的组成

汽车发动机大都采用顶置气门式配气机构。顶置式配气机构按凸轮轴的布置形式可分为凸轮轴下置式、凸轮轴中置式和凸轮轴上置式；按曲轴和凸轮轴的传动方式可分为齿轮传动式、链条传动式和齿形带传动式。

顶置气门式配气机构如图 4—19 所示。发动机的配气机构由气门组和气门传动组组成。

二、配气机构的主要零件

1. 气门组

气门组包括气门、气门导管、气门弹簧座及气门弹簧等零件，如图 4—20 所示。气门组应保证实现气缸的密封，因此要求气门头与气门座贴合严密；气门导管有良好的导向性；气门弹簧上、下端面与气门杆中心线垂直；气门弹簧要有适当的弹力。

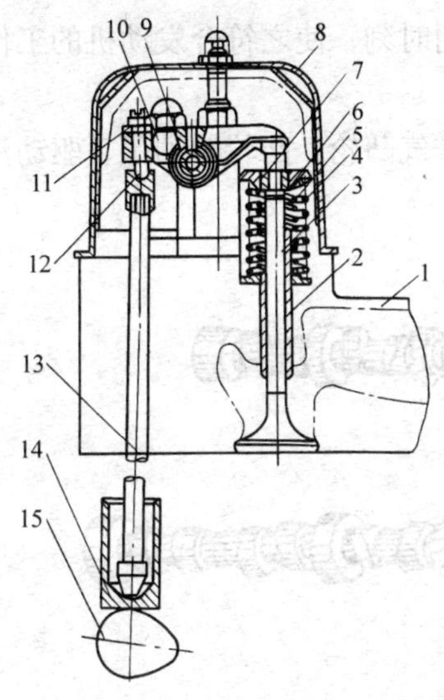

图 4—19　凸轮轴下置气门顶置式配气机构

1—气缸盖　2—气门导管　3—气门
4—气门主弹簧　5—气门副弹簧　6—气门弹簧座
7—锁片　8—气门室罩　9—摇臂轴
10—摇臂　11—锁紧螺母　12—调整螺钉
13—推杆　14—挺柱　15—凸轮轴

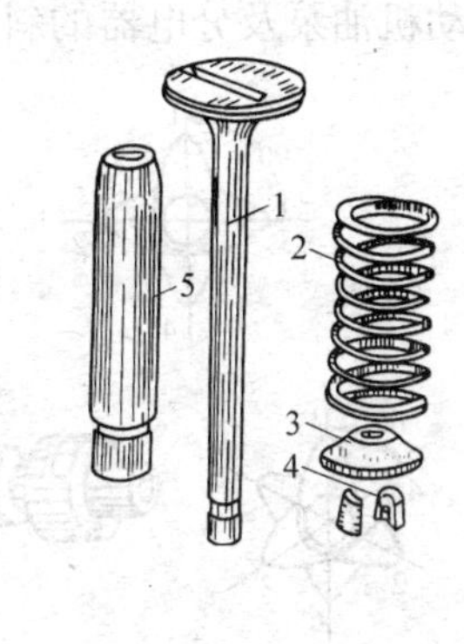

图 4—20　气门组

1—气门　2—气门弹簧　3—气门弹簧座
4—锁片　5—气门导管

（1）气门与气门座

气门的作用是封闭气道。气门分成进气门和排气门两种。气门由头部和杆身两部分构成，头部用来封闭进、排气道，杆身用来在气门开闭过程中起导向作用。

气门密封锥面的锥角称为气门锥角，一般进气门锥角为 30°，排气门锥角为 45°。多数发动机进气门的头部直径做得比排气门大。

进、排气道口与气门密封锥面直接贴合的部位称为气门座。气门座可以直接在气缸体上镗出，也可以单独制成气门座圈，再镶嵌在气缸盖上。

（2）气门导管

气门导管的功用主要是保证气门做往复运动时，使气门与气门座正确密合。气门杆与导管之间一般留有 0.05～0.12 mm 间隙。

(3) 气门弹簧

气门弹簧的功用是用来支承和关闭气门并使气门关闭紧密，防止因气门跳动而使气缸漏气。气门弹簧一般为圆柱形螺旋弹簧，材料为高碳钢、铬钒等冷拔钢丝。为了防止弹簧发生共振，可采用变螺距的圆柱弹簧。

2. 气门传动组

气门传动组的功用是使进、排气门能按配气相位规定的时刻开闭，并保证气门有足够的开度。气门传动组主要包括凸轮轴、凸轮轴正时齿轮、挺杆及其导管。气门顶置式配气机构中有的还有推杆、摇臂和摇臂轴等。

(1) 凸轮轴

凸轮轴的功用是用来控制各气缸的进、排气门开闭时刻，使之符合发动机的工作次序和配气相位的要求，同时控制气门开度的变化规律。

凸轮轴的构造如图 4—21 所示。它由进气凸轮、排气凸轮、凸轮轴轴颈、驱动汽油泵的偏心轮、驱动机油泵及分电器的斜齿轮等组成。

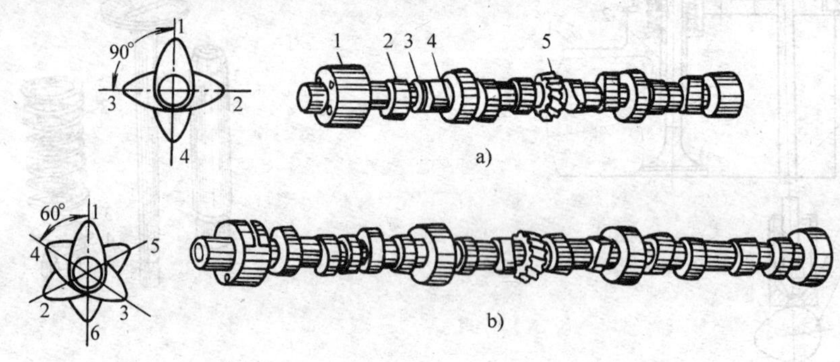

图 4—21　凸轮轴

a) 四缸发动机凸轮轴　b) 六缸发动机凸轮轴

1—凸轮轴轴颈　2、4—凸轮　3—偏心轮　5—齿轮

(2) 正时齿轮

正时齿轮通过半圆键装在凸轮轴前端并用螺母旋在前端螺纹上，以防止脱出。凸轮轴正时齿轮与曲轴正时齿轮按装配记号啮合，目的是保证配气正时。四冲程发动机凸轮轴正时齿轮齿数是曲轴正时齿轮的 2 倍，确保发动机一个工作循环曲轴转 720°时，凸轮轴转 360°。

(3) 挺柱

挺柱的功用是将凸轮的推力传给推杆，并承受凸轮轴旋转时所施加的侧向力。

(4) 推杆

推杆的功用是将从凸轮轴经过挺柱传来的推力传给摇臂。

(5) 摇臂

摇臂是一个双臂杆杠，用来将推杆传来的力改变方向，作用到气门杆端以推开气门。

第五节　发动机燃料供给系

一、化油器式汽油机

1. 汽油机燃料供给系的功用与组成

(1) 化油器式汽油机燃料供给系的功用

化油器式汽油机燃料供给系的功用是根据发动机各种不同工作情况的要求，将清洁的燃油和空气配制成一定数量和浓度的可燃混合气，送入气缸，并将燃烧做功后的废气排出气缸。

(2) 化油器式汽油机燃料供给系的组成

化油器式汽油机燃料供给系的组成如图 4—22 所示。

1) 汽油供给装置。包括汽油箱、汽油滤清器、汽油表、汽油泵和输油管等。

2) 空气供给装置。主要指空气滤清器。

3) 可燃混合气形成装置。主要是指化油器。

4) 可燃混合气供给和废气排出装置。包括进气歧管、排气歧管和排气消声器等。

汽油在汽油泵的作用下，由汽油箱、油管到汽油滤清器，滤去其中的杂质和水分后，进入汽油泵，再压送到化油器浮子室。在气缸吸气作用下，空气经空气滤清器滤去所含的尘埃和杂质后高速流过化油器，并从化油器喷嘴吸出汽油，汽油在气流作用下雾化而与空气混合。油、气混合气经过进气管时进一步蒸发汽化，初步形成可燃混合气后分配到各气缸。可燃混合气燃烧后形成的废气经排气管和排气消声器排到大气中。

2. 简单化油器

简单化油器由浮子室、针阀、浮子、量孔、节气门、喉管等组成，如图 4—23 所示。

发动机工作时，汽油泵将汽油泵入浮子室中，浮子和针阀可控制浮子室油面的高度。浮

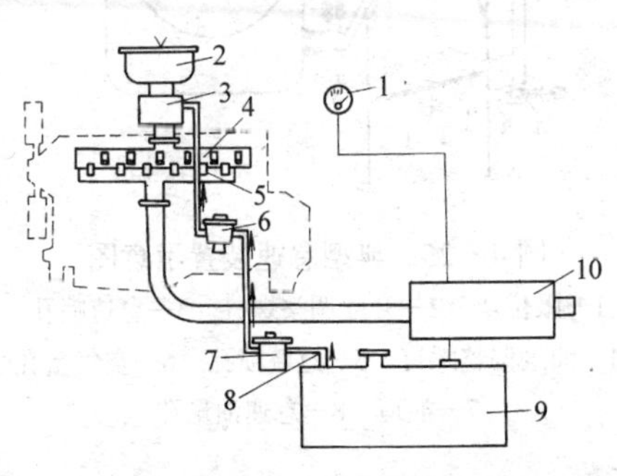

图 4—22　化油器式汽油机燃料供给系的组成

1—汽油量指示表　2—空气滤清器　3—化油器　4—进气管　5—排气管　6—汽油泵　7—汽油滤清器　8—油管　9—汽油箱　10—排气消声器

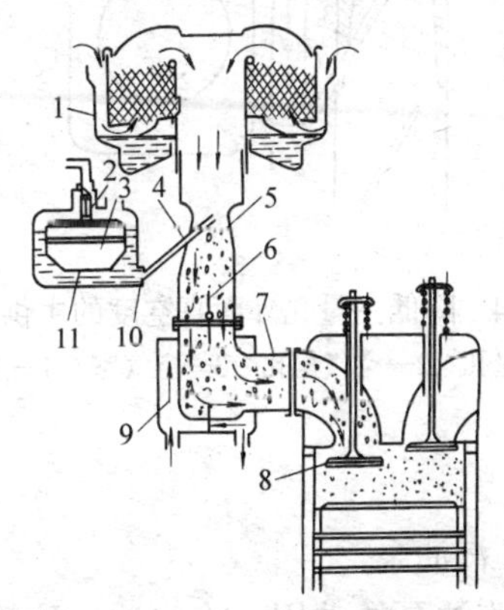

图 4—23　简单化油器及可燃混合气形成原理示意图

1—空气滤清器　2—针阀　3—浮子　4—喷管　5—喉管　6—节气门　7—进气歧管　8—进气门　9—进气预热套管　10—量孔　11—浮子室

子室上部有孔道与大气相通，使油面压力保持恒定。下部有量孔与喷管相通，可将汽油喷入混合室内。喷管出口高于浮子室油面约 2～5 mm，以防止汽油机不工作时汽油从喷管溢出。量孔的作用是控制汽油流量。

混合气室直径最小处是喉管，喷管的出口即在此处。喉管的作用是增大空气流速，在喉管处形成真空。混合气室底部有节气门，用来控制进入气缸的混合气数量，调节发动机的功率。

当活塞在气缸内下行时，在活塞上方形成一定程度的真空度，即气缸内压力低于大气压力。在压力差作用下，外部空气流入气缸。在流经喉管时，流速增加，使喉管处也产生真空度，即喉管处的压力低于浮子室压力。在压力差作用下，汽油从喷管吸出，并被高速流过的气流粉碎成雾状微粒。较小的油粒悬浮在气流中蒸发汽化，较大的油粒则沉附在混合室和进气歧管壁面上，形成沿管道壁缓慢流动的油膜。这样，汽油从喉管处开始，在流经节气门、进气预热装置和进气歧管的过程中，不断从油粒表面和油膜表面蒸发，与空气混合形成可燃混合气进入气缸。

由上述可知，简单化油器形成混合气的数量和浓度，与节气门开度和曲轴转速有关，它在发动机实际工作中不能满足各种工况的要求。

3. 化油器式汽油机燃料供给系主要部件的基本结构

（1）化油器

1）化油器的功用。化油器的功用是根据发动机不同负荷配制不同成分和数量的可燃混合气，供给气缸燃烧以满足发动机所需功率的要求。

2）化油器的基本结构。结构简单的化油器不能满足现代汽车发动机的需要。现代化油器的结构中采用了一系列自动调配混合气浓度的装置，如主供油装置（见图 2—24）、怠速装置（见图 4—25）、加浓装置（见图 4—26 和见图 4—27）、加速装置（见图 4—28）和启动装置（见图 4—29）等。

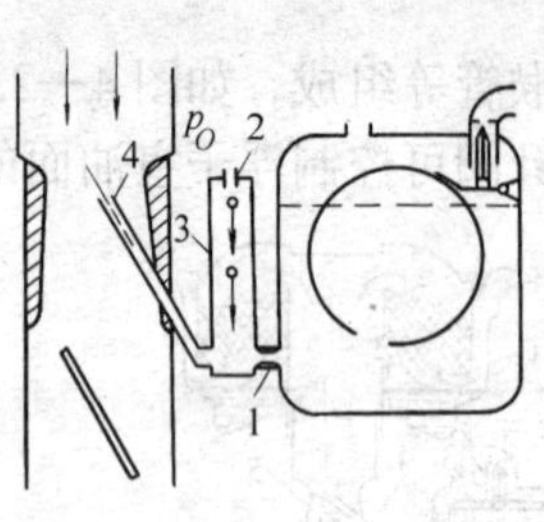

图 4—24　降低主量孔外面真空度的主供油装置

1—主量孔　2—空气量孔　3—空气室　4—主喷管

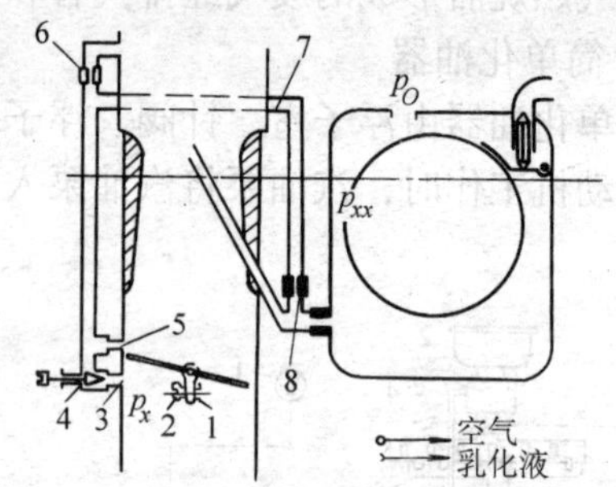

图 4—25　典型怠速装置示意图

1—限位块　2—开度调整螺钉　3—怠速喷孔

4—油量调整螺钉　5—过渡喷孔　6—空气量孔

7—油道　8—怠速油量孔

（2）汽油泵

1）汽油泵的功用。将汽油从油箱中吸出，并使之具有一定的压力，以克服油路的阻力，进入化油器的浮子室中。

2）汽油泵的构造。汽油泵按驱动方式不同可分为机械驱动膜片式和电驱动式两种，目前，汽车广泛采用机械驱动膜片式汽油泵。图 4—30 为 EQ6100—Ⅰ型发动机采用的 EQB601—C 型汽油泵，由上体、下体、泵膜等组件组成。

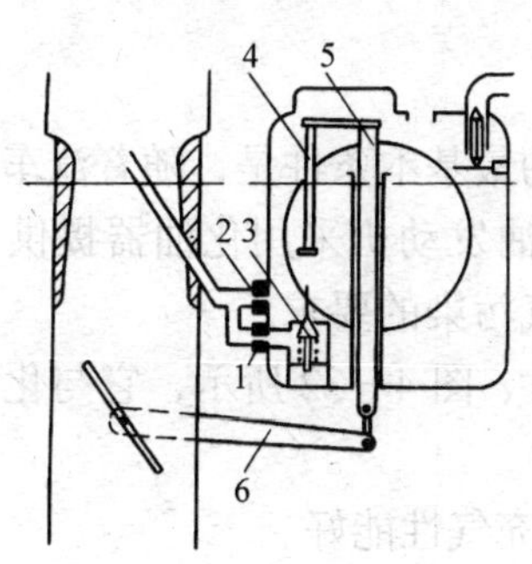

图 4—26　机械式加浓装置

1—加浓量孔　2—主量孔　3—加浓阀　4—推杆　5—拉杆　6—摇臂

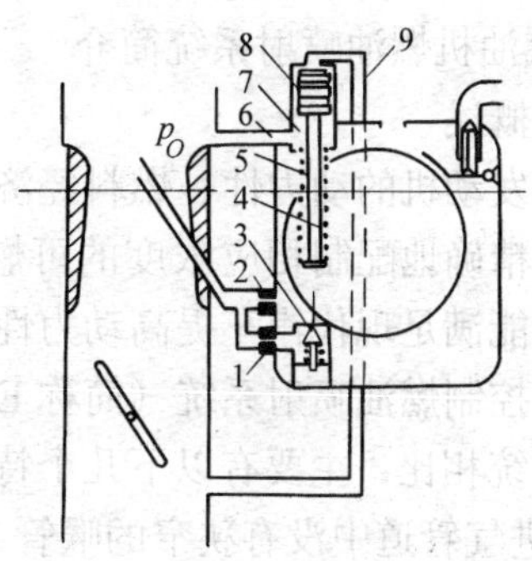

图 4—27　真空式加浓装置

1—加浓量孔　2—主量孔　3—加浓阀　4—推杆　5—弹簧　6—通道　7—空气缸　8—活塞　9—真空通道

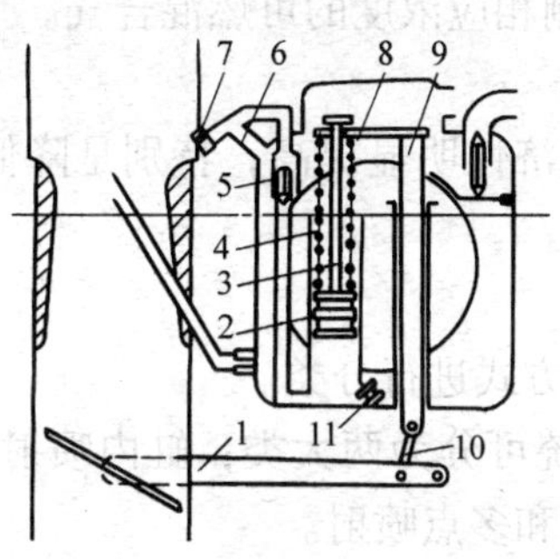

图 4—28　活塞式加速装置

1—摇臂　2—活塞　3—活塞杆　4—弹簧　5—出油阀　6—通气孔　7—加速量孔和喷口　8—连接板　9—拉杆　10—连接钩　11—进油阀

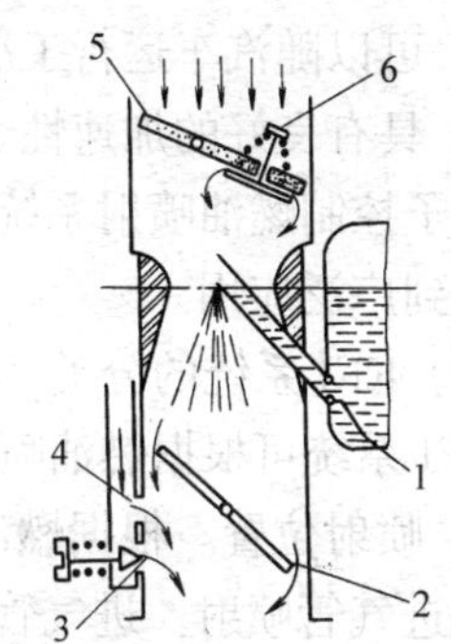

图 4—29　常用启动装置

1—主量孔　2—节气门　3—怠速喷孔　4—过渡喷孔　5—阻风门　6—自动阀

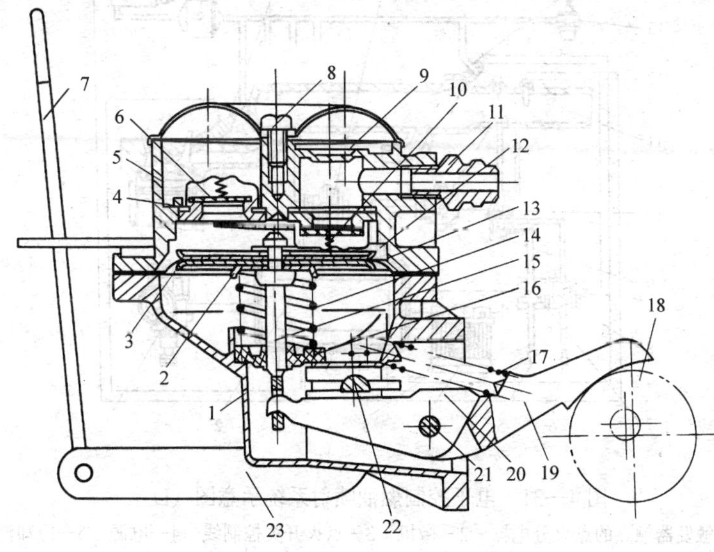

图 4—30　EQB601—C 型汽油泵

1—下体　2—弹簧座　3—泵膜下护盘　4、9—垫片　5—上体　6—出油阀门　7—拉杆　8—泵盖　10—进油阀门　11—进油管接头　12—泵膜上护盘　13—泵膜　14—泵膜弹簧　15—泵膜拉杆　16—泵膜拉杆油封　17—摇臂回位弹簧　18—偏心轮　19—外摇臂　20—内摇臂　21—摇臂轴　22—手摇臂轴　23—手摇臂

4. 汽油机燃油喷射系统简介

(1) 概述

提高发动机的动力性、燃料经济性和降低排气污染的最基本条件是，随着汽车运行工况的变化，精确地配制相应浓度的可燃混合气。传统的汽油发动机采用化油器提供可燃混合气，已不能满足现代汽车提高动力性、经济性和降低排气污染的要求。

电子控制燃油喷射系统（简称 EFI 系统）如图 4—31、图 4—32 所示，它与化油器式燃料供给系统相比，主要有以下几个特点：

1）进气管道中没有狭窄的喉管，空气流动阻力小，充气性能好。

2）各缸的混合气分配均匀性能好。

3）发动机运行时，EFI 系统可根据各传感器的信号，选择最佳点火提前角，以控制点火正时。

4）可以随汽车运行工况的变化而最佳化地配制相应浓度的可燃混合气。

5）具有良好的加速性、过渡性能等。

电子控制燃油喷射系统使发动机的动力性、经济性明显提高，特别是降低了排气污染，目前得到广泛应用。

(2) EFI 系统的分类

EFI 系统可根据燃油喷射位置和空气流量测量方式进行分类。

1）喷射位置。根据燃油的喷射位置，EFI 系统可分为两大类：缸内喷射（目前应用不多）和进气管喷射。进气管喷射又可分为单点喷射和多点喷射。

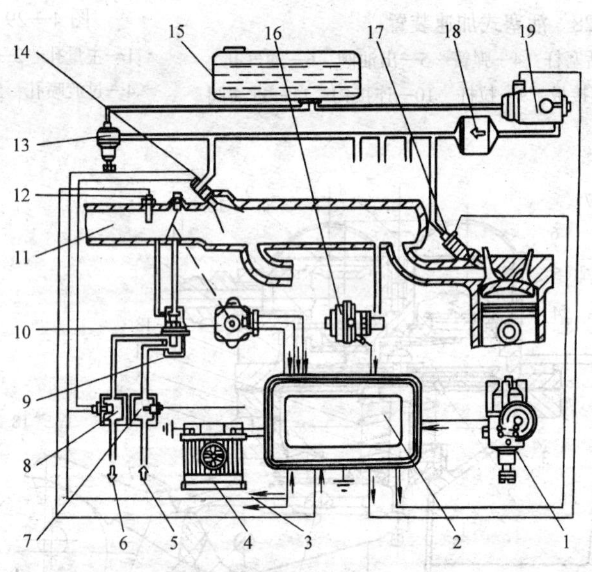

图 4—31　电子控制燃油喷射系统示意图（D 型）

1—带触发器触点的点火分电器　2—微机　3—点火开关控制线　4—电源　5—冷却液进口　6—冷却液出口　7—温度传感器　8—温控时间开关　9—附加空气阀　10—节气门限位开关　11—进气歧管　12—进气温度传感器　13—压力调节器　14—冷启动喷油器　15—燃油箱　16—进气管压力传感器　17—喷油器　18—燃油滤清器　19—电动燃油泵

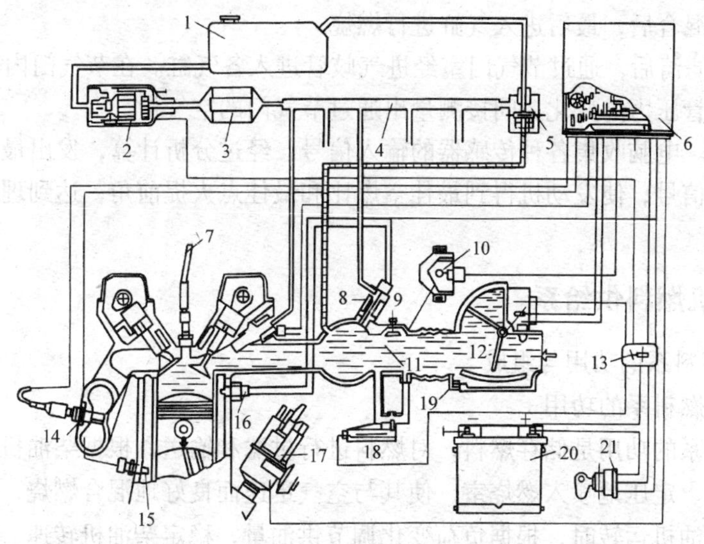

图 4—32　EFI 系统示意图（L 型）

1—燃油箱　2—电动燃油泵　3—燃油滤清器　4—分油管　5—压力调节器　6—微机　7—喷油器　8—启动喷油器　9—怠速调整螺钉　10—节气门开关　11—节气门　12—空气流量计　13—继电器组　14—氧传感器　15—水温传感器　16—温度时间开关　17—分电器　18—附加空气阀　19—怠速混合气调整螺钉　20—蓄电池　21—点火开关

2）空气流量测量方式。按照空气流量的测量方式，EFI 系统可分为两种：一种是直接测量空气流量方式，如图 4—32 所示（L 型）；二是速度密度方式，如图 4—31 所示（D 型）。它与前者的区别仅在于用进气管压力传感器代替空气流量传感器。

（3）电子燃油喷射装置燃油供给系的基本结构

1）按控制原理电子燃油喷射系统由电控单元、传感器和执行器三大部分组成。

①电控单元实际就是一台微型计算机。它接收来自各传感器的信号，对这些信息处理后，发出相应的指令给执行器。

②传感器是将被检测信号（非电量）转换成电信号的元件。它是电喷系统的“侦察兵”，向电脑提供侦察到的各种转速、温度、流量、压力等的信号。

③执行器是执行电脑命令的元件，相当于电喷系统的“手”和“脚”。它是把电脑传来的电信号转换为机械运动并做功的装置。执行器有很多类型，有液压、气压元件，还有电气元件。常用的有喷油器，继电器、电动机、电磁线圈螺线管等。

2）按部件功能电喷系统由供油系统、供气系统和电控系统组成。

①供油系统。供油系统可以使汽油加压，并在电脑控制下将燃油喷入进气通道或燃烧室。供油系统主要由燃油箱、电动燃油泵、燃油缓冲器、燃油滤清器、油压调节器、燃油喷油器、冷启动喷油器等组成。

电动燃油泵从油箱吸出汽油，滤清后，经压力调节器将压力调整到比进气管内压力始终高出一恒定值（0.25 MPa 左右），然后送到各喷油器和冷启动喷油器。

②供气系统。供气系统测量和控制燃油燃烧时所需要的燃气量。

供气系统主要由空气滤清器、空气流量计或进气管压力传感器、节气门、节气门位置传感器、进气歧管等组成，主要有以下两种形式：

L 型：空气滤清后，经空气流量计直接测量，通过节气门室进入进气歧管。在进气管内，燃油与空气混合后，最后进入气缸进行燃烧。

D型：空气滤清后，通过节气门室经进气歧管进入各气缸。在节气门内侧，进气管压力传感器检测出歧管压力的变化，间接测量出通过节气门的空气量。

③电控系统。电脑收集各种传感器的输入信号，经过分析计算，发出最佳喷油时机信号和最佳点火时机信号，使发动机得到最佳空燃比和最佳点火提前角，达到理想的动力性和经济性。

二、柴油机燃料供给系

1. 柴油机燃料系的功用与组成

（1）柴油机燃料系的功用

柴油机燃料系的功用是储存燃料，对燃料进行过滤和输送。根据柴油机的不同工况，将燃油定时、定量、定压地喷入燃烧室，使其与空气迅速而良好地混合燃烧，并在燃烧后将废气排出气缸。柴油机运转时，根据负荷变化调节供油量，稳定柴油机转速。

（2）柴油机燃料系的组成

柴油机燃料系由燃油供给装置、空气供给装置、混合气形成装置和废气排出装置四部分组成，如图4—33所示。

1）燃油供给装置由低压油路供给装置和高压油路供给装置两部分组成。低压油路供给装置包括：油箱、输油泵、柴油滤清器、低压油管等；高压油路供给装置包括：喷油泵、喷油器、高压油管等。

2）空气供给装置由空气滤清器、进气管和气缸盖内的进气道等组成。

3）可燃混合气形成装置，即燃烧室。

4）废气排出装置由气缸盖内的排气道以及排气管和排气消声器等组成。

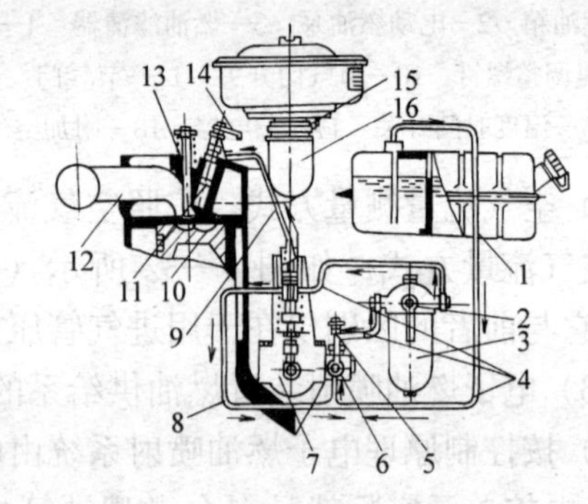

图4—33　柴油机燃料系的组成

1—柴油箱　2—限压阀　3—柴油滤清器　4—低压油路　5—手动输油泵　6—输油泵　7—喷油泵　8—回油管　9—高压油管　10—燃烧室　11—喷油器　12—排气管　13—排气门　14—溢油管　15—空气滤清器　16—进气管

（3）工作过程

柴油机工作时，燃料系的工作过程如下：输油泵以低压（0.15～0.3 MPa）将柴油从油箱中吸出，并经柴油滤清器滤清后进入喷油泵。喷油泵将柴油压力提高到10 MPa以上，按不同工况所需的供油量经高压油管送到喷油器内，经喷油器喷孔呈雾状喷入燃烧室。输油泵的供油量比喷油泵的供油量大3～4倍，大量多余的柴油以及喷油器顶部回油孔流出的少量柴油都经回油管流回油箱。

2. 柴油机燃烧室

燃烧室按结构形式分为两类。

（1）统一式燃烧室

统一式燃烧室是由凹形的活塞顶面与气缸盖底面所包围的单一内腔。采用这种燃烧室时，燃油直接喷射到燃烧室中，故又称直接喷射式燃烧室。这种燃烧室由于活塞凹顶的形状不同、可燃混合气的形成方式也不同，但都是利用燃烧室的特殊形状并与各种进气道配合，形成强烈的进气涡流和压缩涡流，以提高可燃混合气的形成质量。统一式燃烧室结构紧凑，热损失小，热效率较高。常用的统一式燃烧室的结构如图 4—34 所示。

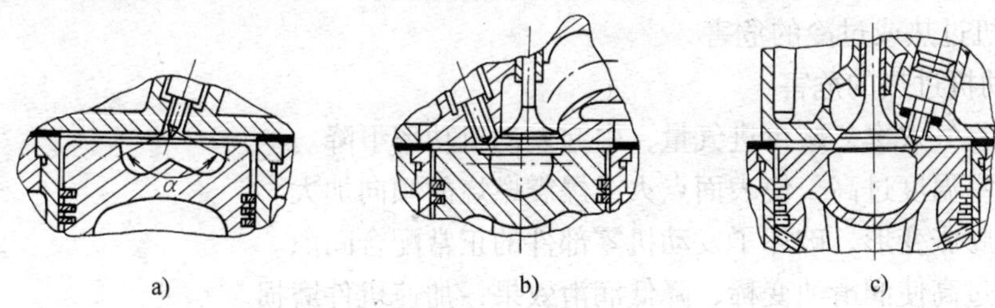

图 4—34　统一式燃烧室的结构

a）ω 形燃烧室　b）球形燃烧室　c）U 形燃烧室

（2）分开式燃烧室

分开式燃烧室由两部分组成，一部分在活塞顶与气缸盖之间，称主燃烧室；另一部分在气缸盖中，称副燃烧室。这两部分由一个或几个孔道相连。分开式燃烧室有预热室式和涡流室式两种形式，如图 4—35 所示。

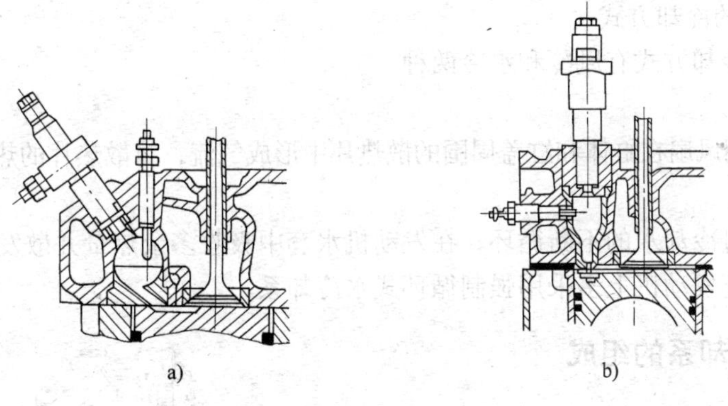

图 4—35　分开式燃烧室

a）涡流室式　b）预燃室式

采用分开式燃烧室，喷油器先将柴油喷入预燃室或涡流室中并开始燃烧，然后可燃混合气经小孔高速喷入主燃烧室，并在土燃烧室中形成强烈的燃烧涡流，加速可燃混合气的形成和燃烧。由于在燃烧中压力升高率较低，发动机运转较平稳，噪声也较小。

第六节　发动机冷却系

一、冷却系的功用与组成

1. 冷却系的功用

冷却系的功用是使运转中的发动机保持在适宜的温度范围内工作。

汽车发动机冷却系统有两种基本形式，即水冷和风冷。水冷是将发动机高温机件的热量先传导给冷却水，然后再散发到大气中。风冷是将发动机的高温机件热量直接散发到大气中。

发动机正常工作时，水冷却系中的冷却水温度应保持在80～90℃的范围内。

2. 发动机过热或过冷的危害

(1) 发动机过热的危害

1) 降低充气效率，减少进气量，引起发动机功率下降。

2) 燃烧室温度过高，使表面点火或爆震燃烧的倾向加大。

3) 因热膨胀变形，破坏了发动机零部件的正常配合间隙。

4) 温度过高使润滑油变稀，降低润滑效果，加速机件磨损。

(2) 发动机过冷的危害

1) 使进入气缸的混合气（或空气）温度过低，点燃困难或燃烧缓慢，造成发动机功率下降，燃油消耗量增加。

2) 润滑油黏度增大，造成润滑不良，既加剧机件磨损，又增大了功率消耗。

3) 温度过低，未汽化的燃油会冲刷摩擦表面上的油膜。同时稀释了润滑油，导致润滑性能下降，加剧机件磨损。

3. 发动机的冷却方式

发动机的冷却方式有风冷和水冷两种。

(1) 风冷

风冷是利用风扇在缸体和缸盖周围的散热片中形成气流，将散热片的热量散发到大气中。

(2) 水冷

水冷是通过冷却水的不断循环，在发动机水套中吸收多余热量并散发到大气中。

目前，汽车发动机上多采用强制循环式水冷却系。

二、水冷却系的组成

水冷却系一般由水泵、水套、散热器、百叶窗、风扇、分水管、节温器、水温表等组成。其工作过程是：水泵强制冷却水循环，冷却水在水套内吸收热量后，流经散热器，将热量散到空气中，然后再流入水套。如此循环，以保证发动机在最佳温度下工作。水冷却系的一般结构如图4—36所示。

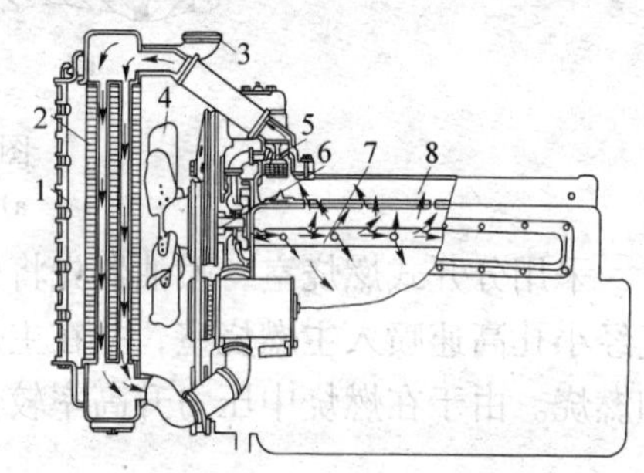

图4—36　水冷却系的组成

1—百叶窗　2—散热器　3—散热器盖　4—风扇　5—节温器　6—水泵　7—分水管　8—水套

为使发动机在寒冷环境下温度能迅速达到最佳工作温度并防止冷却过度，一般发动机都有冷却强度调节装置，包括节温器、百叶窗和风扇离合器等。

1. 水套

水套是发动机机体内储存冷却水，控制冷却水流量和流向的装置。

2. 水泵

水泵的作用是给冷却水加压，使冷却水在发动机冷却系内循环流动。

3. 风扇

风扇用来提高流经散热器的空气流速和流量，以增强散热器散热的能力。风扇通常安装在散热器后面。

4. 散热器

散热器的作用是将冷却水携带的热量散入大气，以保证发动机的正常工作温度。它主要由上储水箱、下储水箱和散热片等组成，如图 4—37 所示。

来自水套的冷却水经进水管进入上储水箱，再经扁形水管到下储水箱。由于散热片增加了散热面积以及风扇的作用，使冷却水中的热量很快散入大气。

5. 节温器

节温器安装在气缸盖出水管或水泵进水管内。其作用是用来改变冷却水的循环路线及流量，自动调节冷却强度，使冷却水温度经常保持在 80～90℃。节温器可分为蜡式和折叠式两种。根据其阀门的多少又可分为单阀式和双阀式。目前，多采用蜡式双阀节温器，如图 4—38 所示。它由支架、主阀门、副阀门、阀门弹簧、中心杆、感应体等组成。感应体装在中心杆上，感应体由金属外壳、橡胶管和固体石蜡组成。

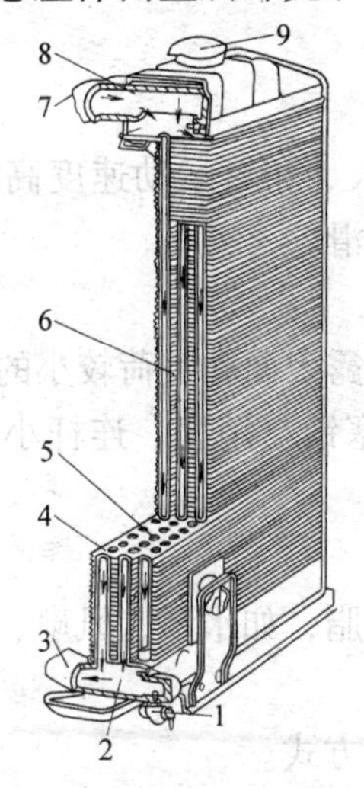

图 4—37　散热器的构造

1—散热器放水开关　2—下储水箱　3—出水管　4—散热片　5—冷却管　6—散热器芯　7—进水管　8—上储水箱　9—加水口与散热器盖

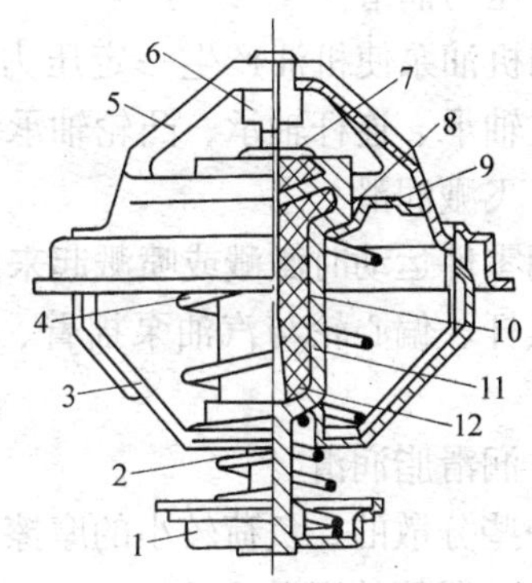

图 4—38　蜡式双阀节温器

1—副阀门　2—小弹簧　3—下支架　4—大弹簧　5—阀座　6—中心杆　7—感温器罩　8—密封圈　9—主阀门　10—橡胶管　11—感温器体　12—石蜡混合物

第七节　发动机润滑系

一、润滑系的功用

发动机各运动零件的工作表面有一定的粗糙度，在相对运动时会产生摩擦，消耗发动机一定的功率，同时还会引起零件的磨损和发热。为此，需要在两个相对运动零件的工作表面之间加入一层润滑油，使其完全隔开。发动机润滑系的任务就是不断地将洁净的润滑油输送到各运动零件的摩擦表面，以形成油膜润滑。润滑系的功用如下：

1. 润滑

在做相对运动的零件表面形成油膜，以减少磨损和功率损失。

2. 冷却

循环流动的润滑油流经零件表面，带走零件摩擦所产生的部分热量，保持零件适当的工作温度。

3. 清洁

利用润滑油的循环流动，冲洗零件表面并带走磨损剥落下来的金属微粒。

4. 密封

在活塞与活塞环，活塞环与气缸壁之间形成油膜，以减少漏入曲轴箱的气体。

二、发动机的润滑方式及润滑系的组成

1. 润滑方式

(1) 压力润滑

利用机油泵使机油产生一定压力，连续地输送到负荷大、相对运动速度高的摩擦副表面，如主轴承、连杆轴承、凸轮轴承和气门摇臂轴等处的润滑。

(2) 飞溅润滑

利用零件运动时激溅或喷溅起来的油滴或油雾，润滑外露表面和负荷较小的摩擦面。如凸轮与挺杆、偏心轮与汽油泵摇臂、活塞环与气缸壁、活塞销与销座、连杆小头等处的润滑。

(3) 润滑脂润滑

对一些分散的、负荷较小的摩擦表面，可定时加注润滑脂，如水泵、风扇、发电机、启动机和分电器等的润滑。

现代高速发动机都采用压力润滑和飞溅润滑的复合润滑方式。

2. 润滑系的组成

润滑系的组成如图 4—39 所示。

(1) 润滑油的储存装置

这里是指下曲轴箱（油底壳）。

(2) 润滑油升压装置

这里是指机油泵。

(3) 润滑油引导、输送、分配装置

包括油管和油道等。

(4) 润滑油滤清器装置

包括集滤器、粗滤器和细滤器等。

(5) 安全和限压装置

包括限压阀和旁通阀。

(6) 润滑油冷却装置

这里是指机油散热器。

(7) 润滑油工作情况检查装置

机油压力表、机油温度表、油标尺和油压过低警告灯等。

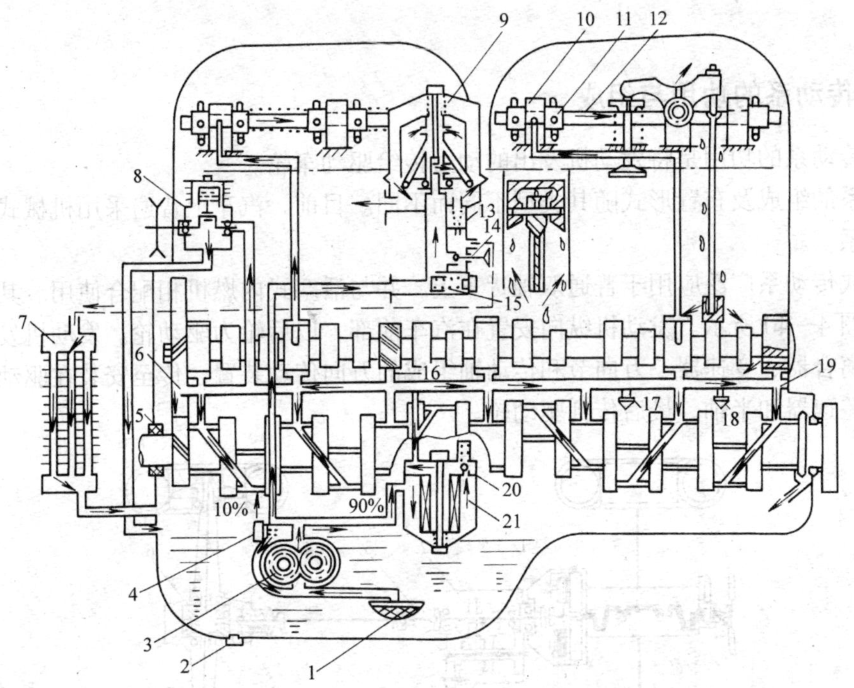

图 4—39 东风 EQ1092 型汽车发动机润滑系结构示意图

1—集滤器 2—磁性放油螺塞 3—机油泵 4—限压阀 5—曲轴前油封 6—喷嘴 7—机油散热器 8—空气压缩机 9—细滤器 11—摇臂轴支座 11—摇臂 12—摇臂轴 13—机油散热器安全阀 14—机油散热器开关 15—进油限压阀 16—机油泵和分电器驱动轴 17—油压过低传感器 18—油压传感器 19—主油道 20—旁通阀 21—粗滤器

3. 润滑系的主要机件

(1) 机油泵

机油泵可以将一定数量的机油从油底壳吸入泵腔，加压后送到零件的摩擦表面。

(2) 机油滤清器

机油滤清器的作用是滤除机油中的金属磨屑及胶质等杂质，保持润滑油的清洁，延长润滑油的使用寿命，保证发动机正常工作。为保证滤清效果，一般采用多级滤清。在润滑系中装有几个滤清能力不同的滤清器（集滤器、粗滤清器和细滤清器），分别并联或串联在主油道中。这样，既能使机油得到较好的滤清，又不会造成很大的流动阻力。与主油道串联的滤清器称为全流式滤清器，与主油道并联的称为分流式滤清器。

按滤清方式不同，机油滤清器可分为过滤式和离心式两种。过滤式滤清器按滤芯结构的不同又分为金属网式、片状缝隙式、带状缝隙式、纸质滤芯式和复合式等。

(3) 机油散热器

机油散热器的作用是冷却润滑油，保持油温在正常工作范围之内（70～90℃），在大功率的强化发动机上，由于热负荷大，必须装散热器。

第八节 汽车传动系

一、传动系的功用与组成

汽车传动系的功用是将发动机发出的动力传给驱动车轮。

传动系的组成及布置形式随其类型不同而不同。目前，汽车上普遍采用机械式或液力机械式传动系。

机械式传动系广泛应用于普通双轴货车上，并与活塞式内燃机相配合使用。其组成与布置形式如图 4—40 所示。发动机纵向安置在汽车前部，以后轮为驱动轮。发动机发出的动力依次经过离合器、变速器、万向节和传动轴组成的万向传动装置，传至安装在驱动桥中的主传动器、差速器和半轴，最后传到驱动轮。

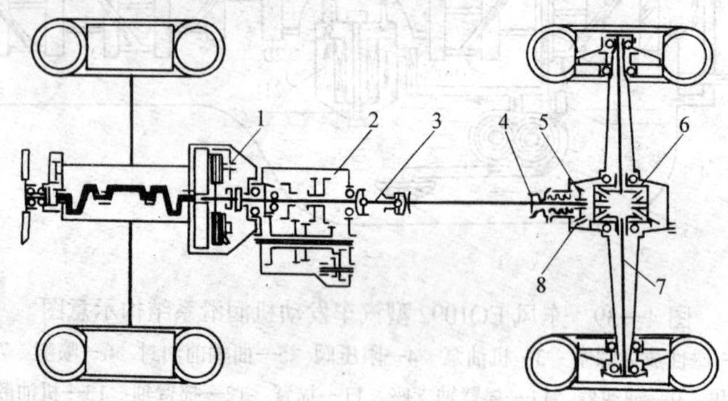

图 4—40 普通汽车传动系一般组成及布置形式示意图

1—离合器 2—变速器 3—传动轴 4—万向节 5—驱动桥 6—差速器 7—半轴 8—主传动器

根据发动机和驱动轮的位置，传动系在汽车上的布置形式分为发动机前置后轮驱动传动系；发动机后置后轮驱动传动系；发动机前置前轮驱动传动系和越野汽车采用的全轮驱动双轴传动系。

按驱动桥数的多少可分为单桥驱动（4×2）、双桥驱动（4×4）、三桥驱动（6×6）。括号中前面的数字代表总轮数，后面的数字代表驱动轮数。地面附着力足够时，驱动轮越多，汽车的驱动力就越大。

二、离合器

1. 离合器的功用和要求

(1) 离合器的功用

1）使发动机与传动系逐渐接合、保证汽车平稳起步。起步时，驾驶员踩下离合器踏板，离合器处于分离状态，此时发动机与传动系脱开。发动机启动后，将变速器挂上挡，然后缓慢松开离合器踏板，同时，逐渐踩下加速踏板，由于离合器逐渐接合，发动机的扭矩便由小到大逐渐地传递给传动系，到足以克服行驶阻力时，汽车便缓缓起步。

2）暂时切断发动机与传动系的联系，便于变速器顺利换挡。汽车行驶过程中，为了适应不断变化的行驶条件，经常要换用不同挡位工作。如果没有离合器将发动机与变速器暂时分离，啮合着的齿轮因载荷没有卸除，啮合齿面的压力很大，难于分开。另外，对待啮合的齿轮副，因两者圆周速度不等，将难于啮合。即使强行啮合也会产生很大的啮合冲击，易引起机件损坏。利用离合器暂时切断动力，配以适当的操作，使待啮合的齿轮副圆周速度逐渐趋向相同（同步），这样可以避免齿端冲击而进入啮合，从而完成换挡操作。

3）防止传动系过载。当汽车进行紧急制动时，若没有离合器，发动机会因和传动系刚性相连而急剧降低转速，使传动系中产生远大于发动机输出转矩的惯性力矩，使传动系的机件损坏。有了离合器，便可在紧急制动时，即使来不及踩下离合器踏板，当由于制动产生的力矩大于离合器能传递的力矩时，离合器的主动部分和从动部分通过滑转限制了所传递的扭矩，从而消除传动系的过载现象，起到一定的保护作用。

（2）对离合器的要求

1）保证传递发动机的最大转矩而不打滑。

2）主、从动部分分离迅速、彻底，接合柔和、平顺。

3）从动部分的质量要尽可能小，以减小换挡时齿轮的冲击。

4）具有良好的散热能力，保证离合器工作可靠。

5）操纵轻便，以减轻驾驶员的疲劳。

2. 离合器的基本组成

目前，汽车上广泛采用摩擦片式离合器。

摩擦片式离合器由主动部分、从动部分、压紧装置和操纵机构四部分组成，如图 4—41 所示。

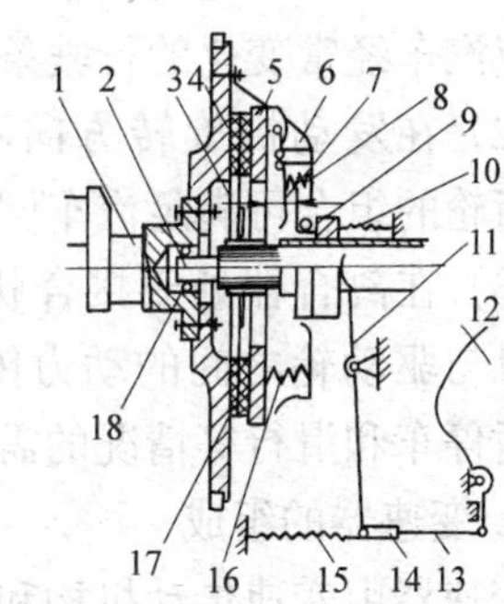

图 4—41　摩擦片式离合器的基本组成
1—曲轴　2—从动轴　3—从动盘　4—飞轮　5—压盘　6—离合器盖　7—分离杠杆　8—弹簧　9—分离轴承　10、15—复位弹簧　11—分离叉　12—踏板　13—拉杆　14　拉杆调节叉　16—压紧弹簧　17—从动盘摩擦片　18—轴承

（1）主动部分

离合器的主动部分有飞轮、压盘和离合器盖。

（2）从动部分

装在压盘和飞轮之间的双边带摩擦片的从动盘，通过滑动花键套装在从动轴（变速器的输入轴）上，组成了与变速器相连的从动部分。

（3）压紧装置

若干个压紧弹簧装在离合器盖和压盘之间，并沿圆周方向均匀分布，这是把压盘、飞轮与从动盘压紧的压紧装置。

（4）操纵机构

分离杠杆、分离轴承、分离套筒、分离叉统称为分离机构。从踏板至分离叉之间的各杆件统称为操纵机构。

1）间隙。在离合器处于正常接合状态下，分离轴承和分离杠杆内端之间应留有 3～4 mm的间隙，以保证摩擦衬片在正常磨损后仍能处于完全接合状态。

为消除这一间隙所需的离合器踏板行程，称为离合器踏板自由行程。

2）类型。汽车离合器广泛采用机械式或液压式操纵机构。

①机械式操纵机构。机械式操纵机构有杆式和绳索式传动两种。

杆式传动是由一组杆件组成，结构简单，工作可靠；缺点是杆件间铰接多，摩擦损失大，车架或驾驶室变形会影响其正常工作。

绳索式传动可消除上述缺点，但操纵索寿命较短，拉伸刚度小，故多用于轻型和微型汽车。发动机后置以后，大客车也逐步采用绳索式传动方式。

②液压式操纵机构。液压式操纵机构主要由主缸、工作缸和管路系统组成，如图 4—42 所示。

三、变速器

汽车发动机的转矩变化范围小，而多变的使用环境要求汽车的驱动力和车速能在相当大的范围内变化。为此，在传动系中设置了变速器，以适应汽车经常变化的行驶条件，并与发动机配合工作，使汽车具有良好的动力性和经济性。

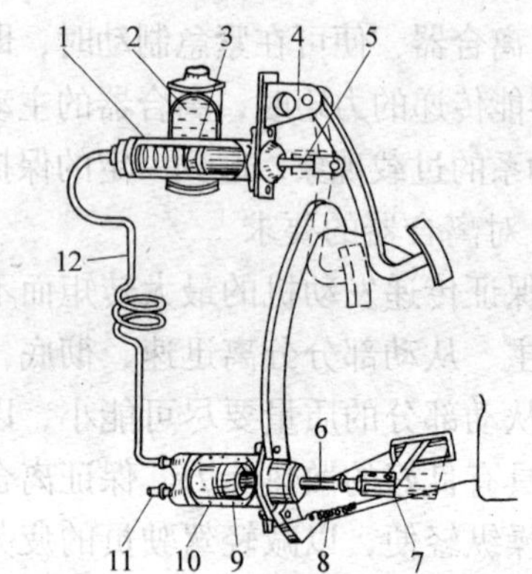

图 4—42　液压式操纵机构

1—主缸　2—储油室　3—主缸活塞
4—踏板支座　5—主缸推杆　6—工作缸推杆
7—分离叉　8—分离叉回位弹簧
9—工作缸活塞　10—工作缸
11—放气塞　12—管路

1. 变速器的功用

（1）扩大驱动轮转矩和转速的变化范围，以适应汽车经常变化的行驶条件。

（2）在发动机旋转方向不变的条件下，通过齿轮的组合可满足汽车倒车行驶的需要。

（3）在离合器处于接合状态时，可中断发动机与驱动轮之间的动力传递，以满足汽车短暂停车和滑行等情况的需要。

2. 变速器的组成

变速器由变速传动机构和变速操纵机构组成。变速传动机构的主要作用是改变转矩、转速和旋转方向；变速操纵机构的主要作用是控制传动机构实现变速器传动比的变换。

（1）变速器传动机构

各种汽车的用途和性能不同，所采用变速器的结构也各不同。通常，变速器外壳通过螺栓固装在发动机飞轮壳上，输入轴以轴承支承在曲轴后端的中心孔内，输出轴把动力通过万向传动装置输送给主减速器。图 4—43 所示为东风 EQ1092 型汽车变速器，该变速器有五个前进挡、一个倒挡和一个空挡，其中五挡为直接挡。在二挡与三挡和四挡与五挡之间装有锁销式惯性同步器。变速器由壳体、齿轮传动机构和操纵机构三部分组成。

（2）变速器的操纵机构

操纵机构主要由变速杆、拨叉、拨叉轴和锁止机构组成，如图 4—44 所示。变速器操纵装置有三个锁止装置。

1）自锁装置。自锁装置用于防止自动脱挡。它由自锁钢球和自锁弹簧组成，如图4—45 所示。

2）互锁装置。互锁装置由拨叉轴、互锁销、互销钢球三部分组成，如图 4—45 所示。互锁装置的作用是当驾驶员用变速杆推动某一拨叉轴时，同时自动锁止其他所有拨叉轴。

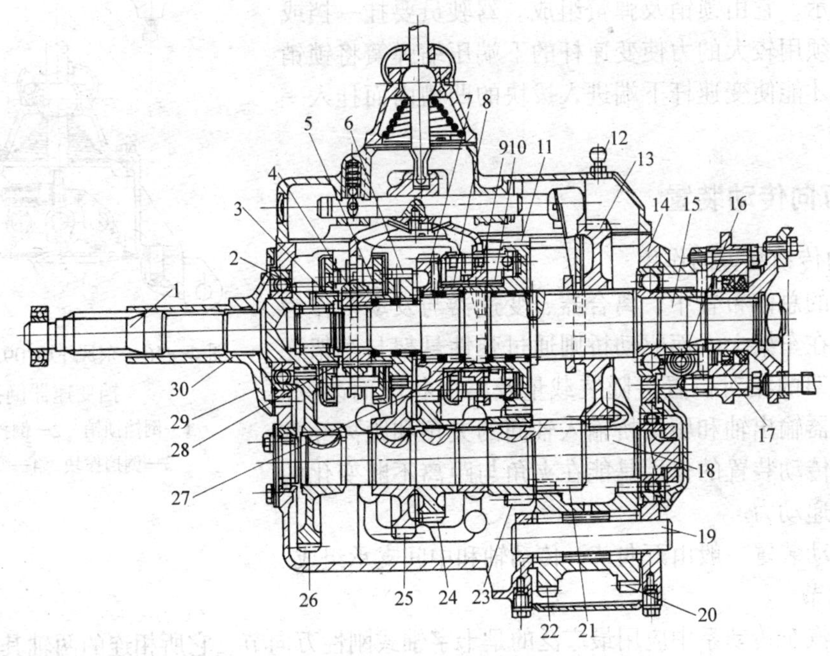

图 4—43　东风 EQ1092 型汽车变速器

1—第一轴　2—第一轴常啮合传动齿轮　3—第一轴齿轮接合齿圈　4、9—接合套　5—四挡齿轮接合齿圈　6—第二轴四挡齿轮　7—第二轴三挡齿轮　8—三挡齿轮接合齿圈　10—二挡齿轮接合齿圈　11—第二轴二挡齿轮　12—通气塞　13—第二轴一、倒挡滑动齿轮　14—变速器壳体　15—第二轴　16—车速里程表传动齿轮　17—中央制动器底座　18—中间轴　19—倒挡轴　20、22—倒挡中间齿轮　21—中间轴一、倒挡齿轮　23—中间轴二挡齿轮　24—中间轴三挡齿轮　25—中间轴四挡齿轮　26—中间轴常啮合传动齿轮　27、28—花键毂　29—第一轴轴承盖　30—轴承盖回油螺纹

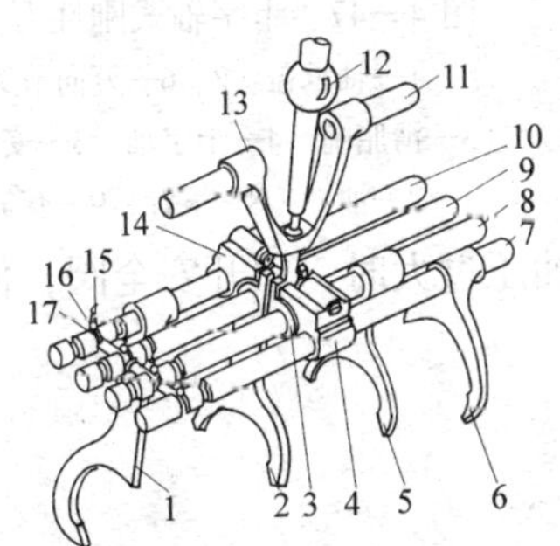

图 4—44　解放 CA1092 型汽车六挡变速器操纵机构示意图

1—五、六挡拨叉　2—三、四挡拨叉　3—一、二挡拨块　4—倒挡拨块　5—一、二挡拨叉　6—倒挡拨叉　7—倒挡拨叉轴　8—一、二挡拨叉轴　9—三、四挡拨叉轴　10—五、六挡拨叉轴　11—换挡轴　12—变速杆　13—叉形拨杆　14—五、六挡拨块　15—自锁弹簧　16—自锁钢球　17—互锁柱销

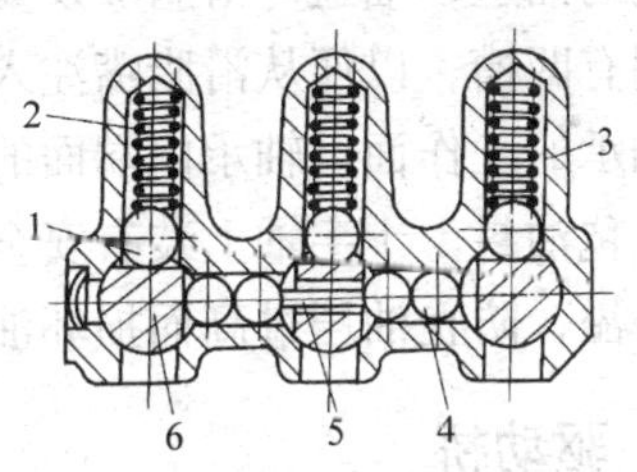

图 4—45　东风 EQ1092 型汽车变速器自锁和互锁装置

1—自锁钢球　2—自锁弹簧　3—变速器盖（前端）　4—互锁钢球　5—互锁销　6—拨叉轴

3）倒挡锁装置。在一挡、倒挡拨块中装有倒挡锁，如图 4—46 所示，它由锁销及弹簧组成。驾驶员要挂一挡或倒挡时，必须用较大的力使变速杆的下端压缩弹簧将锁销推向右方，才能使变速杆下端进入拨块的凹槽内而挂入一挡或倒挡。

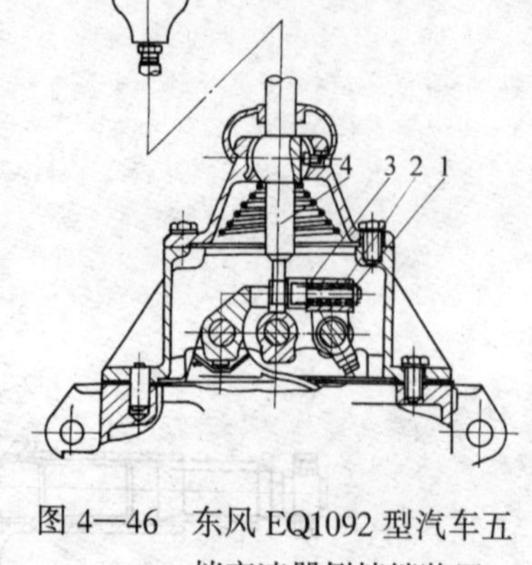

图 4—46　东风 EQ1092 型汽车五挡变速器倒挡锁装置

1—倒挡锁销　2—倒挡锁弹簧
3—倒挡拨块　4—变速杆

四、万向传动装置

1. 万向传动装置的作用

在汽车的总体布置中，离合器、变速器与发动机作为一个整体装在车架上，而驱动桥则通过弹性悬架与车架连接，其与车架的相对位置会随装载量及路面状况而改变。从而使变速器输出轴和驱动桥输入轴间的夹角和距离经常变化。万向传动装置的作用是能在夹角与距离不断变化的转轴之间传递动力。

万向传动装置一般由万向节、传动轴和中间支承组成。

2. 万向节

目前，汽车传动系中应用最广泛的是十字轴式刚性万向节，它所相连的两轴其允许的最大交角为 15°～20°。

十字轴式刚性万向节的结构如图 4—47 所示。两万向节叉上的孔分别活套在十字轴的两对轴颈上。当主动轴转动时，从动轴既能随之转动，又可绕十字轴中心在任意方向摆动。在十字轴轴颈与万向节叉孔之间装有滚针和套筒组成的轴承，并用带锁片的螺钉和轴承盖使之轴向定位。为了润滑轴承，十字轴内钻有互相贯通的油道，油道与滑脂嘴及安全阀相通。十字轴端面制有凹槽，以便从滑脂嘴注入的润滑脂通过该槽到达轴承的工作面。轴承内端面的轴颈上套有带金属壳的毛毡油封。十字轴上装有安全阀，当十字轴内腔油压过大时，顶开安全阀，使多余的润滑油外溢，防止油压过高而损坏油封。

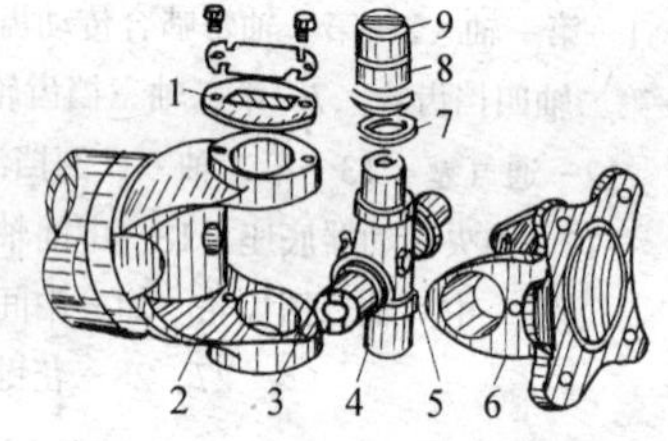

图 4—47　十字轴式刚性万向节

1—轴承盖　2、6—万向节叉
3—滑脂嘴　4—十字轴　5—安全阀
7—油封　8—滚针　9—套筒

五、驱动桥

1. 驱动桥的组成与功用

(1) 驱动桥的组成

一般，汽车的驱动桥主要由主减速器、差速器、半轴和驱动桥壳组成。

(2) 驱动桥的功用

1）将万向传动装置传来的动力传给驱动车轮，并实现降速以增大转矩。

2）改变转矩的传递方向。发动机纵向传出的转矩，经驱动桥后，使其改变 90°横向传出、驱动车轮旋转。

3）使左、右驱动车轮以不同的转速旋转，满足汽车转弯等行驶状况的需要。

4）承担整车的大部分载荷。

2．主减速器

主减速器的功用是降速、增矩，在发动机纵置时还具有改变转矩方向的作用。

主减速器按参与减速传动的齿轮对数，可分为单级主减速器和双级主减速器。

单级主减速器多采用一对大小不等的锥齿轮传动结构，并以小齿轮为主功轮与传动轴相连。一般，中小型汽车用单级主减速器。

大型货车要求较大的主减速器传动比，以便驱动轮获得更大的转矩，又要求从动轮尺寸不能太大，以免汽车最小离地间隙过小。因而采用两对齿轮传动，称为双级主减速器。第一级为锥齿轮，第二级为斜齿圆柱齿轮。

3．差速器

（1）差速器的功用

差速器的功用是在汽车转向过程中，允许两半轴以不同转速旋转，满足两驱动轮行驶路程不等的需要，使汽车既能直线行驶，又能轻便地转弯。

（2）差速器的组成

汽车上广泛应用的齿轮式差速器的组成如图 4—48 所示。它主要由 4 个圆锥行星齿轮、行星齿轮轴（十字轴）、2 个圆锥半轴齿轮和差速器壳等组成。

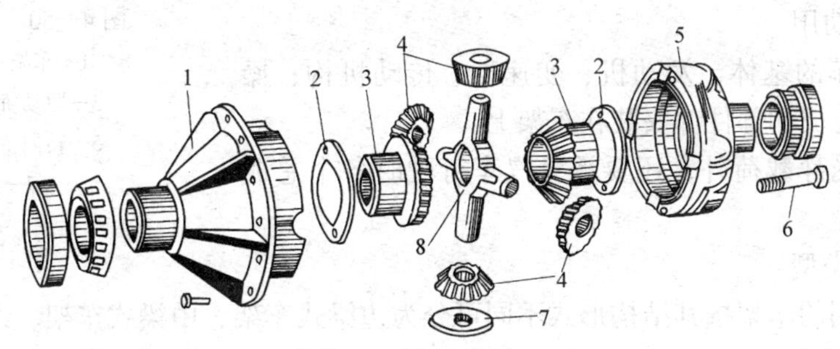

图 4—48　齿轮式差速器的组成

1、5—差速器壳　2—半轴齿轮推力垫片　3—半轴齿轮　4—行星齿轮

6—螺钉　7—行星齿轮球面垫片　8—行星齿轮轴（十字轴）

差速器壳的两部分用螺钉紧固连接，主减速器从动齿轮用铆钉或螺栓固定在差速器壳左半部的凸缘上。行星齿轮轴的四个轴颈，装在由两个半差速器壳端面相应的 4 个半圆槽组成的十字孔中，每个轴上松套着一个行星齿轮。两个半轴齿轮与四个行星齿轮啮合。半轴齿轮以其轴颈支撑在差速器相应的孔中，并以内花键与半轴连接。为保证差速器的行星齿轮与半轴齿轮正确地啮合和对中，行星齿轮背面与差速器壳相应位置的内表面，均做成球面，并装有垫片。在半轴齿轮背面与壳体相应的摩擦面装有上推垫片，改变垫片的厚度，可以调整半轴齿轮与行星齿轮的啮合间隙。

4．半轴

半轴是在差速器与驱动轮之间传递转矩的轴。由于所传递的转矩大，故一般是实心轴，如图 4—49 所示。

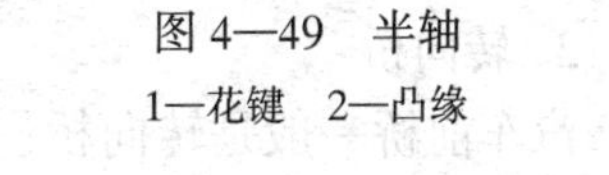

图 4—49　半轴

1—花键　2—凸缘

第九节　汽车行驶系

一、行驶系的功用与组成

1. 汽车行驶系的主要功用

(1) 将汽车构成一个整体，支撑汽车全部质量。

(2) 将传动系传来的转矩转化为汽车行驶的驱动力。

(3) 承受并传递路面作用于车轮上的各种反力和力矩。

(4) 减少振动，缓和冲击，保证汽车平顺行驶。

2. 汽车行驶系的组成

汽车行驶系一般由车架、车桥和悬架组成，如图 4—50 所示。

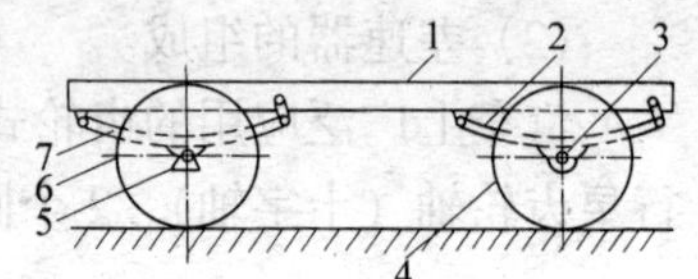

图 4—50　行驶系的组成

1—车架　2—后悬架
3—驱动桥　4—驱动轮
5—转向桥　6—转向轮
7—前悬架

二、车架

1. 车架的功用

车架是汽车的基体，发动机、变速器、传动机构、操纵机构、车身总成和部件都安装在车架上。

车架除承受静载荷外，还要承受汽车行驶时各个总成传来的力和力矩。

2. 车架的类型

汽车上装用的车架按其结构形式不同可分为边梁式车架、中梁式车架、综合式车架和无梁式车架等。

三、车桥

1. 车桥的作用及分类

车桥通过悬架与车架（或承载式车身）相连，其两端安装车轮。车架所受的垂直载荷通过悬架和车桥传到车轮。车轮上的滚动阻力、驱动力、制动力及其弯矩、扭矩等，通过车桥传给悬架和车架，即车桥的作用是传递车架与车轮之间各方向的作用力及其所产生的弯矩和扭矩。

根据悬架结构的不同，车桥分为整体式和断开式两种。整体式车桥是钢制的实心或空心梁，它与非独立的悬架配用。断开式车桥为活动关节式结构，它与独立的悬架配用。

根据车桥上车轮的作用不同，车桥又分为转向桥、驱动桥、转向驱动桥和支持桥四种，其中转向桥和支持桥都属于从动桥。一般，汽车多以前桥为转向桥，后桥为驱动桥；越野汽车和部分轿车的前桥为转向驱动桥；挂车上的车桥都是支持桥。

2. 转向桥

汽车前桥一般是转向桥，它能使装在前桥两端的车轮偏转一定的角度，以实现汽车的转向。

转向桥由前轴、转向节、主销和轮毂四部分组成。东风 EQ1092 型汽车转向桥的结构如图 4—51 所示。

(1) 前轴

前轴为工字梁，其中部弯曲向下，两端向上翘起呈拳形，其上有上下相通的圆孔，主销插入孔内将前轴与转向节连接起来。

前轴一般采用中碳钢经模锻和热处理制成。

(2) 转向节

转向节是一个叉形件，是车轮转向的铰节。由上下两叉和支撑轮毂轴承的圆锥轴构成。上下两叉各制有安装主销的同轴孔，通过主销与前轴相连。转向节轴上有两道轴颈，内大外小，用来安装内外轮毂轴承。

为了使转向灵活方便，在转向节下叉轴孔与前轴轴孔之间装有滚子推力轴承。

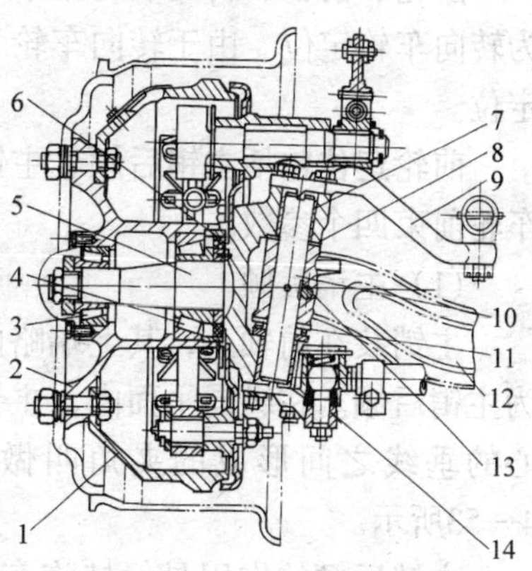

图 4—51　东风 EQ1092 型汽车转向桥的结构

1—制动鼓　2—轮毂　3、4—轮毂轴承　5—转向节　6—油封　7—衬套　8—调整垫片　9—转向节臂　10—主销　11—推力轴承　12—前轴　13—主销锥形锁销　14—梯形臂

在左右转向节下叉的下端各装有与梯形臂制成一体的端盖。两梯形臂与横拉杆相连接。在左转向节上有的上端装有与转向节臂制成一体的端盖，这样就可以通过转向直拉杆前后推拉转向节臂，使左右转向节同时绕主销摆动，实现转向。

转向节上装有限位螺栓，它与前轴两端的限位凸块相配合，可以调整转向轮的最大转角。东风 EQ1092 型汽车、解放 CA1092 型汽车的最大转角分别为 37°31′和 38°、奥迪轿车和桑塔纳轿车的最大转角分别为 40°和 40°18′。

(3) 主销

主销的作用是铰接前轴与转向节，使转向节绕着主销摆动，以实现车轮的转向。主销的中部切有凹槽，安装时用锥形锁销与它配合，使其固定在前轴的销孔中，防止其相对前轴转动。

(4) 轮毂

前轮轮毂通过内外两个轮毂轴承装在转向节轴颈上，轴承的预紧度可以用调整螺母调整。在轮毂外端装有端盖，以防泥水或灰尘侵入。轮毂内侧装有油封和挡油盘，以防润滑油脂进入车轮制动器内。

3. 转向驱动桥

能同时实现车轮转向和驱动功能的车桥称为转向驱动桥，在发动机前置前驱动汽车和越野汽车上广泛应用，如图 4—52 所示。

转向驱动桥具有一般驱动桥所具有的主减速器、差速器和内半轴，也具有一般转向桥所具有的转向节、主销和轮毂等。

4. 转向车轮定位

为了使汽车保持稳定的直线行驶，转向轻便，减小轮胎与转向机构的磨损，要求装配后的转向车轮、转向节和前轴与车架有正确的相对位置。

前轮、前轴、转向节与车架的相对安装位置，称为转向车轮定位。由于转向车轮为前轮，也称为前轮定位。

前轮定位包括主销后倾、主销内倾、车轮外倾和车轮前束四个参数。

（1）主销后倾

主销装在前轴上，其上端略向后倾，这种现象称为主销后倾。在纵向平面内，主销轴线与通过前轮中心的垂线之间形成的夹角叫做主销后倾角，如图4—53所示。

主销后倾的作用是保持汽车直线行驶的稳定性，并促使转弯后的前轮自动回正。

后倾角越大，形成的稳定力矩越大。但后倾角不宜过大，一般 $\gamma<3°$。

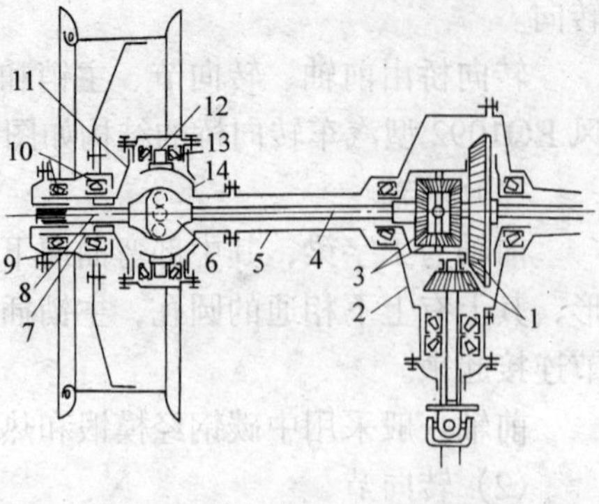

图 4—52　转向驱动桥示意图

1—主减速器　2—主减速器壳　3—差速器　4—内半轴　5—半轴套管　6—万向节　7—转向节轴　8—外半轴　9—轮毂　10—轮毂轴承　11—转向节壳体　12—主销　13—主销轴承　14—球形支座

（2）主销内倾

主销安装到前轴后，其上端略向内倾斜，称主销内倾。在横向平面内，主销轴线与垂线之间的夹角 β 叫做主销内倾角，如图 4—54 所示。

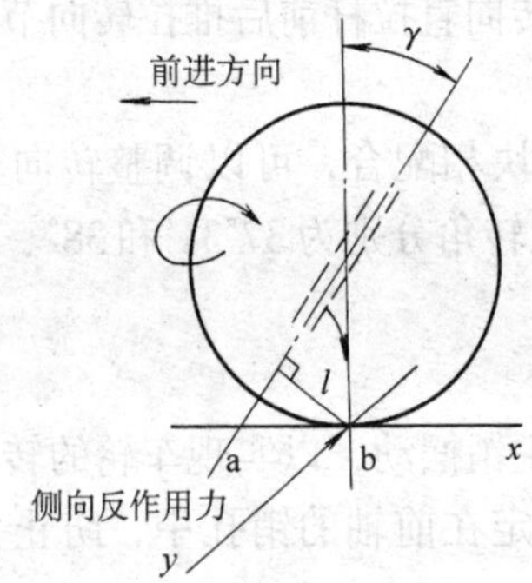

图 4—53　主销后倾示意图

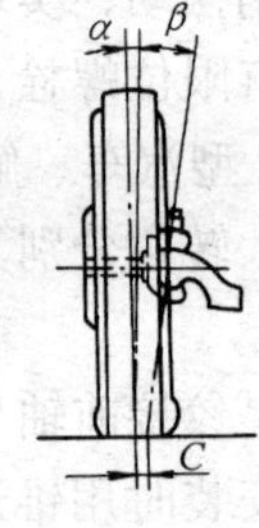

图 4—54　前轮外倾、主销内倾示意图

α—前轮外倾角　β—主销内倾角

主销内倾的作用是使转向轮自动回正，转向操纵轻便。

一般，主销内倾角不大于 8°，主销内倾角一般不能调整其大小。

（3）车轮外倾

汽车的前轮安装后，其旋转平面上方略向外倾，这种现象称为车轮外倾。前轮旋转平面与纵向垂直平面之间的夹角 α 叫做前轮外倾角，如图 4—54 所示。

车轮外倾的主要作用是提高前轮行驶的安全性。

车轮外倾角虽然对行驶安全有利，但过大的外倾角将使轮胎横向偏磨增加，油耗增多。一般，车轮外倾角为 1°左右，是由转向节的结构所确定的。前轮外倾角的大小一般不能调整。

汽车两个前轮的旋转平面不平行，前端略向内收，这种现象称为前束。两轮前端距离 B 小于后端距离 A，其差值即为前束值，如图 4—55 所示。

前轮前束的主要作用是减小或消除汽车前进中因车轮外倾和纵向阻力使车轮前端向外滚

动所造成的滑移。

汽车的前束值一般都小于 10 mm，通过改变横拉杆的长度可以调整前束值的大小。

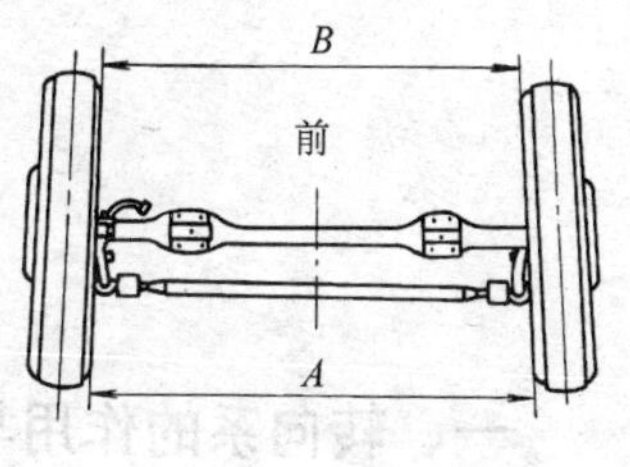

图 4—55　前轮前束

四、悬架

1. 悬架的功用及组成

悬架是车架与车桥之间的弹性传力装置，主要功用是把车架与车桥弹性连接起来，吸收或缓和车轮在不平路面上受到的冲击和振动，传递各种作用力和力矩。

悬架一般由弹性元件、导向装置和减振器三部分组成，如图 4—56 所示。

弹性元件的作用是承受和传递垂直载荷，缓和不平路面所引起的冲击；导向装置是用来传递纵向力、侧向力及力矩，并保证车轮相对于车架或车身有一定的运动规律；减振器用来使振动衰减，减小车身和车轮的振动。汽车悬架所用的弹性元件有钢板弹簧、螺旋弹簧、扭杆弹簧、橡胶弹簧、空气弹簧和油气弹簧等。

2. 悬架的类型

汽车悬架可分为独立悬架和非独立悬架两类，如图 4—57 所示。

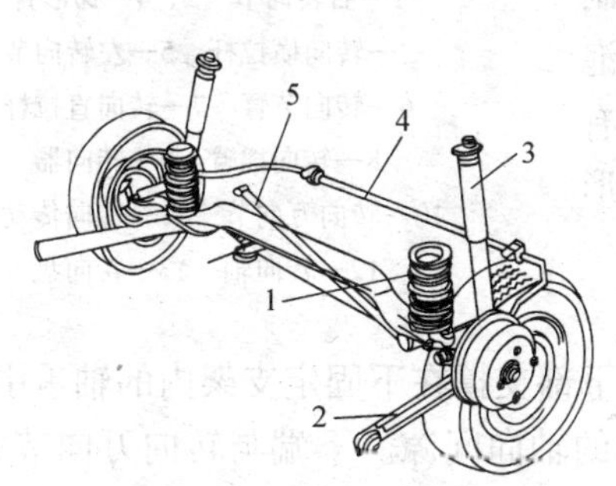

图 4—56　悬架组成示意图

1—弹性元件　2—纵向推力杆　3—减振器　4—横向稳定器　5—横向推力杆

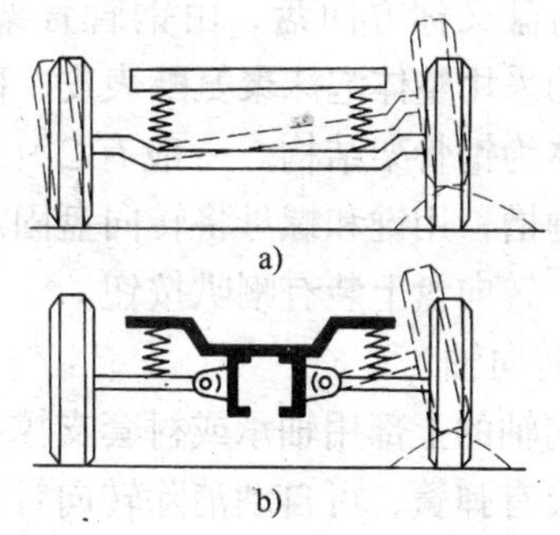

图 4—57　汽车悬架示意图

a）非独立悬架　b）独立悬架

独立悬架中多采用螺旋弹簧和扭杆弹簧作为弹性元件，并配有导向装置和减振器。独立悬架的行驶平顺性和操纵稳定性比较高，在轿车上广泛应用。

非独立悬架中广泛采用钢板弹簧作为弹性元件，这种悬架因结构简单、工作可靠，在中、重型汽车上普遍采用。

五、减振器

减振器的作用是利用液体流动的阻力来加速衰减车身的振动，以改善汽车的行驶平顺性。目前汽车上采用的是双向作用筒式减振器，安装在车架与车桥之间与弹性元件并联，如图 4—58 所示。

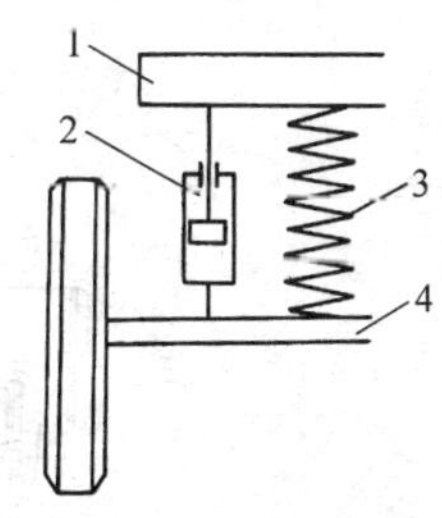

图 4—58　减振器与弹性元件的安装示意图

1—车架　2—减振器　3—弹簧　4—车桥

第十节　汽车转向系

一、转向系的作用与组成

转向系的作用是实现汽车行驶方向的改变和保持汽车稳定的行驶路线。

转向系按转向能源的不同，分为机械转向系和动力转向系两类。

机械转向系由转向操纵机构、转向器和转向传动机构三部分组成，如图 4—59 所示。

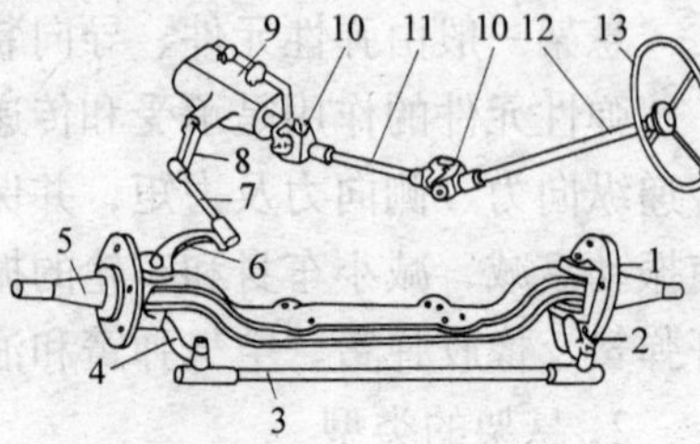

图 4—59　汽车转向系示意图

1—右转向节　2、4—梯形臂　3—转向横拉杆　5—左转向节　6—转向节臂　7—转向直拉杆　8—转向摇臂　9—转向器　10—转向万向节　11—转向传动轴　12—转向轴　13—转向盘

二、转向操纵机构

转向操纵机构指转向盘至转向器间的所有部件，主要包括转向盘、转向轴、转向万向节等。

1. 转向盘

转向盘又称方向盘，由钢管骨架外包可塑材料制成。有的采用整体泡沫聚氨酯表皮，内部填充聚酯硬泡沫，本体为钢骨架结构。一般有 2～3 根辐条，盘毂有圆孔及键槽，用键和螺母将转向盘固定在转向轴的锥形轴端上。转向盘上装有喇叭按钮。

2. 转向轴

转向轴的上部用轴承或衬套支撑在转向管柱内，下部支撑在下固定支架内的轴承中，轴承下端装有弹簧，可自动消除转向管柱与转向轴之间的轴向间隙。下端与转向万向节相连。解放 CA1092 型汽车转向操纵机构，如图 4—60 所示。

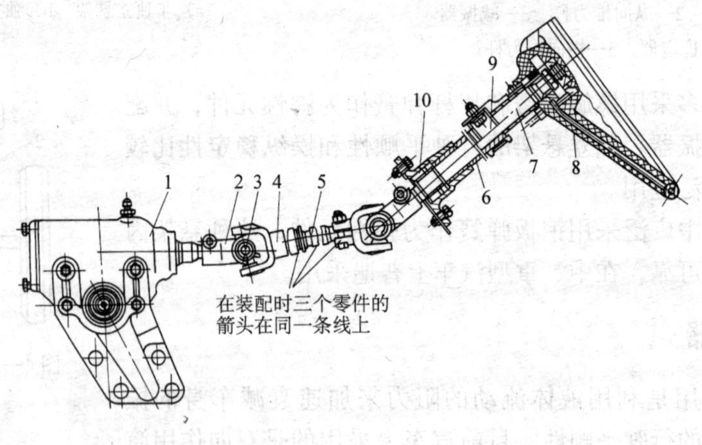

图 4—60　解放 CA1092 型汽车转向操纵机构

1—转向器总成　2—万向节叉　3—十字轴　4—滑动叉　5—转向传动轴　6—转向管柱　7—转向轴　8—转向盘　9—转向管柱上支架　10—下固定支架

三、转向器

1. 转向器的功用

转向器的功用是增大转向盘传到转向轮上的转向力矩，并改变力的传递方向。

2. 转向器的类型

转向器的类型很多，按结构形式可分为循环球式、蜗杆曲柄指销式、球面蜗杆滚轮式、蜗杆蜗轮式、齿轮齿条式转向器等。

(1) 循环球式转向器

循环球式转向器一般由两套传动副组成，一套是螺纹传动副，另一套是齿条齿扇传动副。解放 CA1092 型汽车的循环球式转向器如图 4—61 所示。

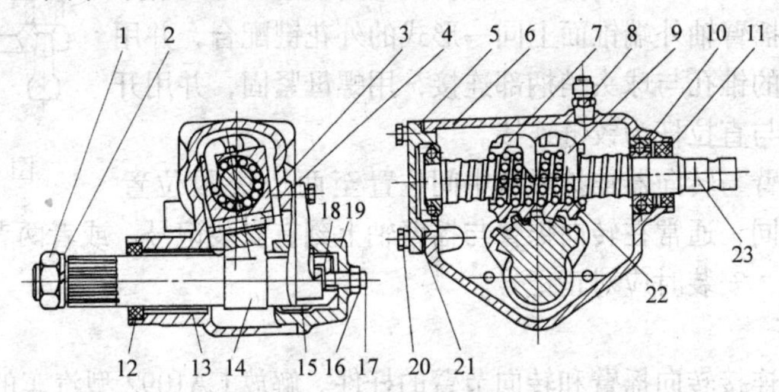

图 4—61 解放 CA1092 型汽车循环球式转向器

1—螺母 2—弹簧垫圈 3—转向螺母 4—转向器壳体垫片 5—转向器壳体底盖 6—转向器壳体 7—导管卡子 8—加油螺塞 9—钢球导管 10—球轴承 11、12—油封 13、15—滚针轴承 14—齿扇轴（摇臂轴） 16—锁紧螺母 17—调整螺钉 18、21—调整垫片 19—侧盖 20—螺钉 22—钢球 23—转向螺杆

循环球式转向器传动效率较高，可达 90%～95%，且转向操纵轻便，零件使用寿命长，在汽车上广泛应用。

(2) 蜗杆曲柄指销式转向器

蜗杆指销式转向器的传动副是蜗杆和指销，如图 4—62 所示。按指销的数目不同，可分为单销式和双销式两种。

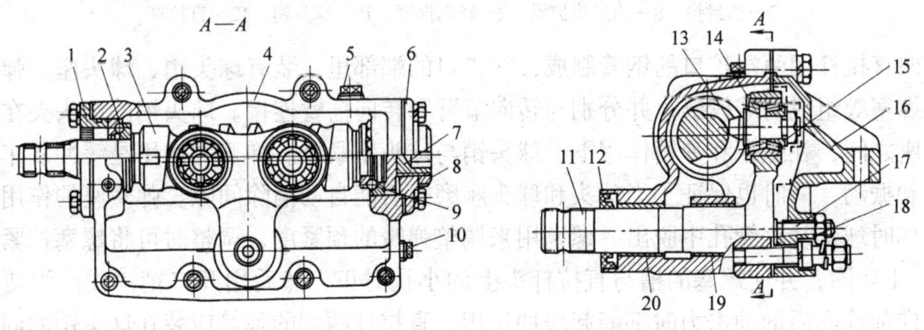

图 4—62 蜗杆曲柄指销式转向器

1—上盖 2、9—滚动轴承 3—转向蜗杆 4—壳体 5—加油螺塞 6—下盖 7—调整螺塞 8、15、18—螺母 10—放油螺塞 11—摇臂轴 12—油封 13—指销 14—双列圆锥滚子轴承 16—侧盖 17—调整螺钉 19、20—衬套

(3) 齿轮齿条式转向器

齿轮齿条式转向器结构简单，多用于前轮独立悬挂的轻型及微型汽车。

四、转向传动机构

转向传动机构的功用是将转向器输出的动力传给转向车轮，使之偏转，实现汽车转向。

转向传动机构一般包括转向摇臂、转向直拉杆、转向横拉杆、转向节臂、转向节和左右梯形臂等。

1. 转向摇臂

图 4—63 所示为常用的转向摇臂。转向摇臂大端的内锥面的三角形细花键与转向摇臂轴外端锥面上同一形式的外花键配合，并用螺母固定。其小端的锥孔与球头销柄部连接，用螺母紧固，并用开口销保险，球头销与直拉杆为铰链连接。

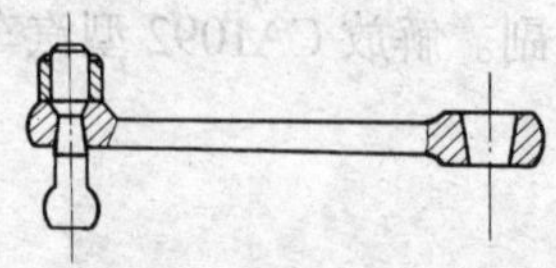

图 4—63 转向摇臂

为了使转向摇臂与转向器连接后从中间位置至两边极限位置的摆角范围大致相同，通常在转向摇臂与摇臂轴上刻有安装记号，或者两者的花键部分上都少铣一个或几个齿，安装时应对正记号。

2. 转向直拉杆

转向直拉杆是连接转向摇臂和转向节臂的杆件。解放 CA1092 型汽车的转向直拉杆，如图 4—64 所示。

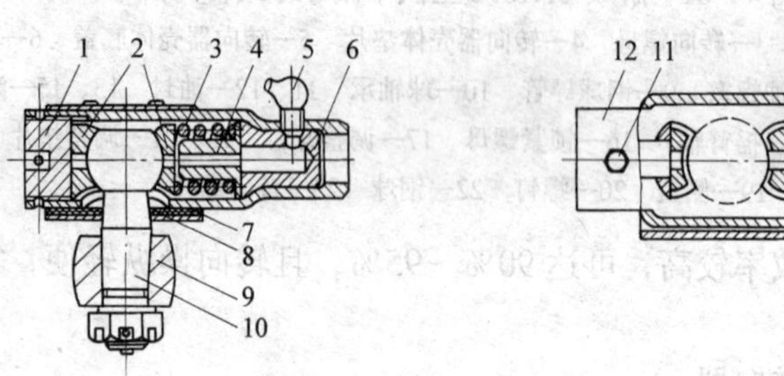

图 4—64 解放 CA1092 型汽车转向直拉杆

1—螺塞 2—球头座 3—弹簧 4—弹簧座 5、11—注油盅 6—座塞
7—油封垫 8—油封垫护罩 9—转向摇臂 10—球头销 12—直拉杆

转向直拉杆用两端扩口的钢管制成，在扩口的端部里，装有球头销、球头座、弹簧、弹簧座和螺塞等组成的球铰链，并分别与转向节臂和转向摇臂连接。球头销的球头夹在前后两个球头座之间，在螺塞和弹簧作用下，球头销与球头座紧靠。弹簧的作用是缓冲从车轮传来的冲击和振动，同时也保证了当球头和球头座磨损后能自动消除间隙。弹簧座的作用是防止弹簧损坏时球头从钢管孔中脱出。螺塞用来调整弹簧的预紧度，调整时可将螺塞拧紧后再退回 1/2～1/4 圈，并使螺塞的槽与直拉杆头上的小孔对正，然后用开口销销住。为使直拉杆在受到向前或向后的冲击力时都能起缓冲作用，直拉杆两端的弹簧应装在球头销的同一侧。

3. 转向横拉杆

横拉杆是连接左右梯形臂的杆件，它与左右梯形臂及前轴构成转向梯形机构，如图 4—65 所示。

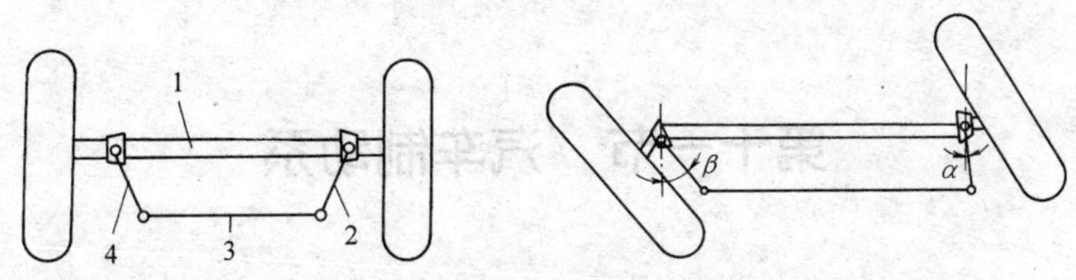

图 4—65　转向梯形机构图

1—前轴　2、4—梯形臂　3—转向横拉杆

横拉杆由横拉杆体和旋装在两端的接头组成。两端的接头结构相同，如图 4—66 所示，其中球头销的锥形部分与梯形臂相连。上、下球头座用聚甲醛制成，有良好的耐磨性。球头座的形状见图 4—66c。装配时两球头座的凸凹部分相互嵌合。

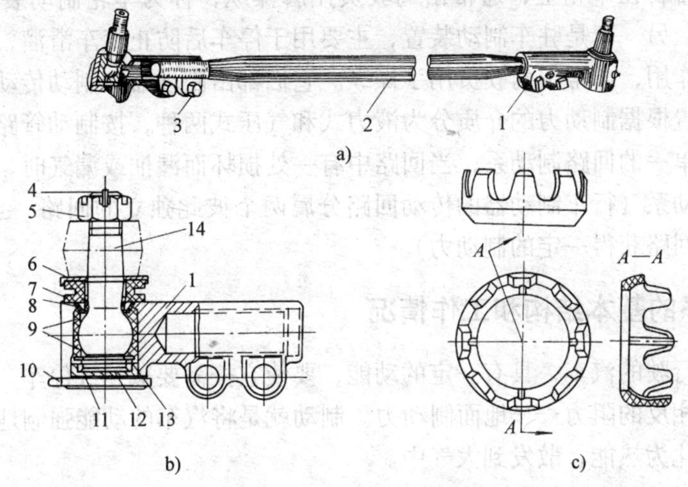

图 4—66　常见汽车转向横拉杆

a）转向横拉杆　b）接头　c）球头座

1—横拉杆接头　2—横拉杆体　3—夹紧螺栓　4—开口销　5—槽形螺母　6—防尘垫座　7—防尘垫　8—防尘罩　9—球头座　10—限位销　11—螺塞　12—弹簧　13—弹簧座　14—球头销

两接头用管螺纹与横拉杆连接，并沿轴向开槽，故径向具有弹性。接头旋装到横拉杆体上后，用夹紧螺栓夹紧。横拉杆体两端的管螺纹，一端为右旋，一端为左旋。因此，在放松夹紧螺栓后，转动横拉杆体即可改变横拉杆的总长度。

当驾驶员转动转向盘时，通过转向轴、轴向万向节、转向传动轴，将转向力矩输入转向器，经转向器将转向力矩增大后传到转向摇臂、转向直拉杆、转向节臂，使左转向节绕主销偏转。与此同时，左梯形臂带动转向横拉杆、右梯形臂，使右转向节绕主销向同一方向偏转，从而使装在左、右转向节上的两车轮同时偏转，实现汽车转向。

五、转向盘的自由行程

转向系中各连接零件和传动副之间存在着一定的间隙，这使转向盘在转向轮发生偏转前能转过一定的角度，这段角行程称为转向盘的自由行程。自由行程不宜过大，以免影响转向灵敏性及产生转向盘摇摆现象。一般，转向盘自由行程为 10°～25°。

第十一节　汽车制动系

一、制动系的功用和组成

汽车制动系统的功用：按照需要使汽车减速或在最短的距离内停车；下坡行驶时限制车速；保证汽车停放可靠，不致自动滑溜。

汽车制动系一般包括两套独立的制动装置。一套是行车制动装置，用于汽车行驶时减速或停车。其制动器装在车轮上，通常由驾驶员用脚操纵，称为车轮制动装置或行车制动装置，又称脚刹车。另一套是驻车制动装置，主要用于停车后防止汽车滑溜，也可以在紧急制动时起辅助制动作用，通常由驾驶员用手操纵。它们都由制动器和制动传动机构组成。

行车制动装置根据制动力的介质分为液力式和气压式两种，按制动管路布置可分为单回路制动系（采用单一的回路制动系，当回路中有一处损坏而漏油或漏气时，整个制动系统失效）和双回路制动系（行车制动器的传动回路分属两个彼此独立的回路，当一个回路失效，还能利用另一个回路获得一定的制动力）。

二、制动系的基本结构和工作情况

以一定速度行驶的汽车，具有一定的动能，要使它按需要减速或停车，路面必须给车轮一个与行驶方向相反的阻力——地面制动力。制动就是将汽车的动能强制地转化成其他形式的能，大部分转化为热能，散发到大气中。

一般，制动系的基本结构和工作原理可用图 4—67 所示的一种简单液压制动系说明。该液压制动装置由车轮制动器和液压传动机构两部分组成。

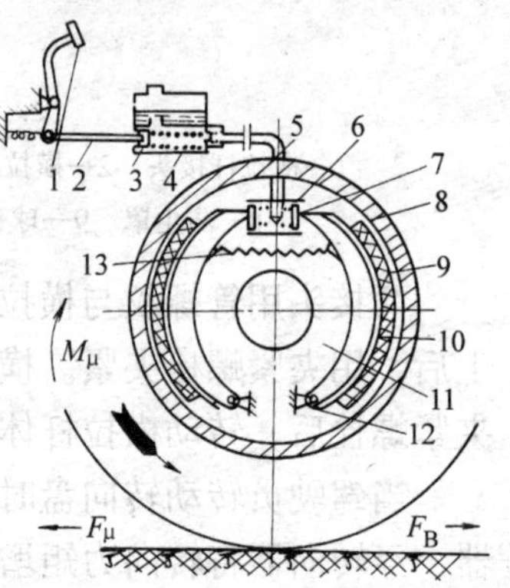

图 4—67　制动系工作原理示意图

1—制动踏板　2—推杆　3—主缸活塞　4—制动主缸　5—油管　6—制动轮缸　7—轮缸活塞　8—制动鼓　9—摩擦片　10—制动蹄　11—制动底板　12—偏心支承销　13—制动蹄回位弹簧

1. 基本结构

汽车的制动装置都是利用机械摩擦来达到制动作用的，其中，直接产生摩擦力矩迫使车轮减速和停车的部分，称为制动器；将操纵力传给制动器，迫使制动器产生摩擦作用的部分，称为制动传动机构。

（1）车轮制动器

车轮制动器主要由旋转部分、固定部分、张开机构和调整机构组成。旋转部分是固定在轮毂上与车轮一起旋转的制动鼓。固定部分主要包括制动蹄和制动底板等。制动底板固定在转向节凸缘（前轮）或桥壳凸缘（后桥）上。铆有摩擦片的制动蹄，下端通过偏心支承销安装在制动底板上，上端用回位弹簧拉紧，靠在轮缸活塞上。张开机构是制动轮缸（气压式为凸轮），通过油管与装在车架上的制动主缸相通。制动传动机构主要由制动踏板、推杆、制动主缸等组成。制动鼓与制动蹄摩擦面间隙的调整靠偏心支承销完成。

(2) 驻车制动器

驻车制动器又称手制动器，其功用是使停驶的汽车驻留原地不动，便于在坡道上起步，配合行车制动装置进行紧急制动或在制动装置失效后用于应急制动。多数汽车的驻车制动器安装在变速器或分动器之后，也有少数装在主减速器主动轴的前端，还有的以后制动器兼充驻车制动器，但其传动机构是独立的。

驻车制动器制动机构有盘式、鼓式、带式和弹簧作用式等形式。由于鼓式制动器可采用高制动效能的自动增力式制动器，且其外廓尺寸小，便于调整，防泥沙和防水性能好，因而得到广泛应用。

2. 工作情况

不制动时，制动鼓的内圆柱面与制动蹄摩擦片的外圆柱面之间有一定的间隙，使车轮和制动鼓可以自由转动。

制动时，驾驶员踩下制动踏板，通过推杆推动主缸活塞，使主缸内的油液产生一定压力后流入制动轮缸，推动轮缸活塞，使两侧制动蹄绕支承销转动，将摩擦片压紧在制动鼓的内圆柱面上。这样，不旋转的制动蹄就对旋转的制动鼓作用一摩擦力矩 M_{μ}，其方向与车轮旋转方向相反。制动鼓将该力矩传到车轮后，由于车轮与路面间的附着作用，车轮即对路面作用一个向前的周缘力 F_{μ}。同时，路面对车轮作用着一个向后的反作用力 F_{B}，即制动力。制动力作用的结果使车轮转速下降，从而使汽车减速甚至停车。放松制动踏板，在回位弹簧的作用下，制动蹄回到原位，制动解除。

显然，汽车制动力不仅取决于制动力矩，还取决于轮胎与路面间的附着条件，即制动力只能小于或等于附着力。当制动力等于附着力时，车轮将被抱死而在路面上滑移。滑移会使胎面局部严重磨损，并使胎面局部高温造成软化，就好像轮胎与路面被一层润滑剂隔开，使附着系数减小，制动性变差。

为了实现最佳制动，近年来国内外不少汽车在制动系中增设制动力分配调节装置，以减少车轮的抱死现象，但最理想的还是电子控制的制动防抱死装置。

第五章　汽车电器设备

第一节　电工基础知识

一、电的概念

一切物质都是由分子组成，而分子又是由原子组成，原子是由带正电荷的原子核和带等量负电荷的电子组成。电子分层围绕原子核作高速旋转，正电荷与负电荷具有同性相斥、异性相吸的特性。通常情况下，原子核所带的正电荷和电子所带的负电荷在数量上相等，所以任何物质的原子都显中性，物体没有带电现象。所谓带电现象，就是物体在某种外力作用下，获得电子或失去电子的现象。失去电子的物体带正电，获得电子的物体带负电。电荷的多少叫电量。一个带电体所带电荷的多少可用电子数目来表示。电荷量 Q 通常以库仑作为电荷量的单位，以 C 表示，$1\ \mathrm{C}=6.24\times10^{18}$ 个电子电荷。

二、电流

导体中电荷的定向流动形成了电流。在金属导体中，实质上能定向移动的电荷是带负电荷的自由电子。习惯上把正电荷流动的方向作为电流的方向，即电流从电源正极流出，从负极流回电源。因此自由电子移动方向跟电流方向相反。

电流不但有方向，而且有强弱，通常用电流强度表示电流的强弱。单位时间内通过导体横截面的电量叫做电流强度，用 I 表示。如果 t 秒内流经导体横截面的电量为 Q，则：

$$I=\frac{Q}{t} \tag{5—1}$$

式中　Q ——电量，C；

t ——时间，s；

I ——电流强度，A。

电流强度的单位是安培，用 A 表示，由定义可知

$$1\ \mathrm{A}=\frac{1\ \mathrm{C}}{1\ \mathrm{s}}$$

实际中，常用的电流强度单位还有千安（kA）、毫安（mA）、微安（μA），它们之间的换算关系是：

$$1\ \mathrm{kA}=10^3\ \mathrm{A}\qquad 1\ \mathrm{mA}=10^{-3}\ \mathrm{A}\qquad 1\ \mu\mathrm{A}=10^{-6}\ \mathrm{A}$$

电流的大小可以用电流表直接测量，电流表应串联在被测电路中。

根据电流在电路中流动的方向不同，可分为直流电和交流电。

1. 直流电

若电路中电流的大小和方向均不随时间的变化而改变的，叫做直流电。用DC或“—”表示。

2. 交流电

若电路中电流的大小和方向均随时间作周期性变化的，叫做交流电。用AC或“～”表示。

三、电压

在电路中，任意两点间的电位差称为这两点间的电压。电压是导体中存在电流的必要条件。电压的表示符号为 U。

电压的单位是伏特，用V表示。常用的电压单位还有千伏（kV）、毫伏（mV）和微伏（μV），它们之间的换算关系为：

$$1\ \text{kV}=10^3\ \text{V} \qquad 1\ \text{mV}=10^{-3}\ \text{V} \qquad 1\ \mu\text{V}=10^{-6}\ \text{V}$$

电压的大小可以用电压表测量，电压表应并联在被测电路中。

电路中的电位差是由电源作用产生的，而电源是靠其他能量来维持一定电位差的。所以，电源产生电位差的能力，称为电源的电动势。电动势的方向规定为从电源的负极指向正极，即电位升高的方向，与电压的方向相反，如图5—1所示。

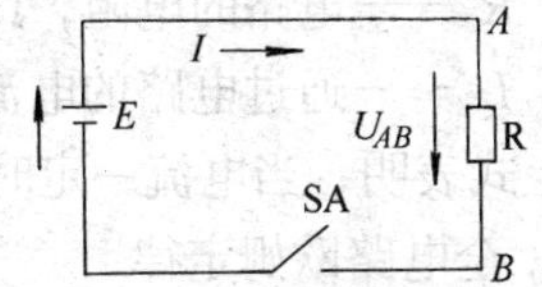

图5—1　电压和电动势的正方向

电动势用 E 表示，单位为V（伏特）。

四、电阻

电子在导体中流动时所受的阻力称为电阻。电阻用R表示。电阻的单位是这样定义的：当导体两端为1 V电压，通过的电流是1 A时，导体的电阻就是1 Ω。欧姆简称欧，用Ω表示。常用的电阻单位还有千欧（kΩ）、兆欧（MΩ）。它们的换算关系如下：

$$1\ \text{k}\Omega=10^3\ \Omega \qquad 1\ \text{M}\Omega=10^3\ \text{k}\Omega$$

电阻反映了导体的导电能力，是导体的客观属性，它不仅与导体的材料有关，还与导体的长度、导体的横截面积有关。实验证明，在一定温度下，导体的电阻与导体的长度 L 成正比，与导体的横截面积 S 成反比。即：

$$R=\rho\frac{L}{S} \qquad (5—2)$$

式中　L ——导体的长度，m；

S ——导体的横截面积，m^2；

ρ ——反映导体材料性质的物理量，叫做电阻率，Ω·m；

R ——导体的电阻，Ω。

根据物质电阻的大小，把物体分为导体、半导体和绝缘体三种。

1. 导体

容易导电的物体叫做导体。其电阻率一般在 $10^{-6}\sim10^{-3}$ Ω·m范围内，如铜、铝等。

2. 半导体

导电能力介于导体与绝缘体之间的物体叫做半导体。其电阻率在 $10^{-3}\sim10^{8}$ Ω·m 范围内，如硅、锗等。

3. 绝缘体

不容易导电的物体叫做绝缘体，其电阻率在 $10^{8}\sim10^{20}$ Ω·m 范围内，如胶木、云母等。

五、欧姆定律

欧姆定律是表示电路中电流、电压、电阻三者关系的定律。

1. 部分电路的欧姆定律

不含电源的一段电路称为部分电路，如图 5—2 所示。实验证明，在一段电路中，通过电路的电流与这段电路两端的电压成正比，与这段电路的电阻成反比，这就是部分电路欧姆定律，用公式表示为：

$$I=\frac{U}{R} \tag{5—3}$$

式中 U ——电路两端电压，V；

R ——电路的电阻，Ω；

I ——通过电路的电流，A。

上式表明，当电流一定时，电阻越大，在电阻上产生的压降越大，反之越小。

2. 全电路欧姆定律

一个含有电源的闭合电路称为全电路，如图 5—3 所示，图中虚线框内为电源的内电路，r 为内电阻。实验证明：在全电路中，通过电路的电流与电源电动势 E 成正比，与电路的总电阻（$R+r$）成反比，这就是全电路欧姆定律，用公式表示为：

$$I=\frac{E}{R+r} \tag{5—4}$$

式中 E ——电源的电动势，V；

R ——外电路电阻，Ω；

r ——内电路电阻，Ω；

I ——电路中的电流，A。

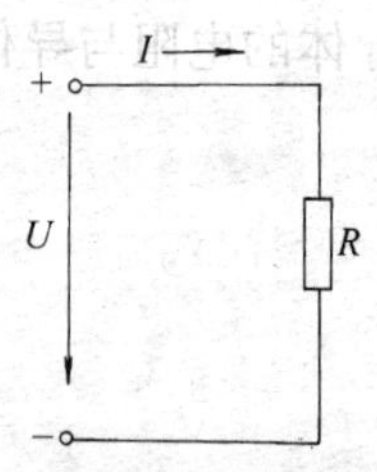

图 5—2 部分电路

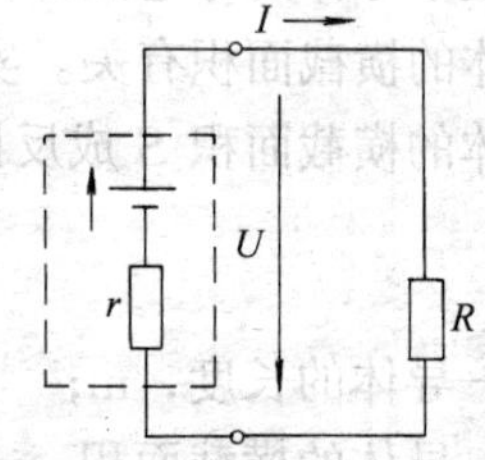

图 5—3 最简单的全电路

由式（5—4）得：

$$E=IR+Ir=U+U_r \tag{5—5}$$

式中 U ——外电路的电压降，也称路端电压，简称端电压；

U_r——内电路电压降，也称内阻压降。

所以，电源的电动势等于端电压与内阻压降之和。

六、电功与电功率

1. 电功

电流是电场能的载体，电流通过负载时，将电场能转换成其他形式的能，即电流做功，叫做电功。如启动机启动发动机，是将电能转化为机械能；电流通过电炉将电能转化为热能；电流给蓄电池充电将电能转化为化学能；电流通过电磁线圈又将电能转化为磁能。这些都说明电流在做功。所以，电流做功的过程，就是将电能转化为其他形式能量的过程。电流所作的功用符号 W 表示，单位为焦，用J表示。它与加在负载两端的电压 U，通过负载的电流 I 及负载上通电的时间成正比，其计算公式如下：

$$W=IUt \tag{5—6}$$

根据欧姆定律还可写出电功的两个常用式，即：

$$W=I^2Rt \tag{5—7}$$

$$W=\frac{U^2}{R}t \tag{5—8}$$

式中 I——通过负载的电流，A；

U——负载两端的电压，V；

t——负载通电时间，s；

R——负载的电阻，Ω；

W——电流所做的功，J。

实际应用中，电功还有另一个常用单位，即千瓦特小时，简称千瓦时，符号是kW·h。

$$1\ \text{kW·h}=3.6\times10^6\ \text{J}$$

2. 电功率

不同的用电器，在相同的时间里，用电量是不同的，即电流做功的快慢是不一样的。常用电功率描述电流做功的快慢，定义为电流在单位时间内所做的功，简称功率，用 P 表示，单位是焦耳/秒，又叫瓦特，简称瓦，用W表示，即：

$$P=\frac{W}{t}=\frac{IUt}{t}=IU \tag{5—9}$$

式中 W——电流所做的功，J；

t——做功所用的时间，s；

P——电功率，W。

3. 电流的热效应

电流通过导体（或用电器）时会产生热量，这种现象称为电流的热效应。实验证明：电流通过导体（或用电器）时所产生的热量 Q 与电流强度 I 的平方、导体（或用电器）的电阻 R 以及通电时间 t 成正比。用公式表示为：

$$Q=I^2Rt \tag{5—10}$$

式中 I——通过负载的电流，A；

R——负载的电阻，Ω；

t——负载通电时间，h；

Q——负载（导体）所发出的热量，J。

从式（5—10）中可知，对某一用电器来说（R 一定的条件下），通过的电流越大，发出的热量越多，用电器工作时间越长其温度就越高。

七、电路和电路图

1. 电路

电路是电流流过的路径。最简单的电路由电源、负载和连接导线组成，如图 5—4 所示。电路分外电路和内电路。外电路是指从电源一端经过负载再回到电源另一端的电路，内电路是指电源内部的通路。按连接方法的不同，电路又分串联电路和并联电路两种。

（1）串联电路

两个或两个以上用电器依次相联，就组成串联电路，如图 5—5 所示。

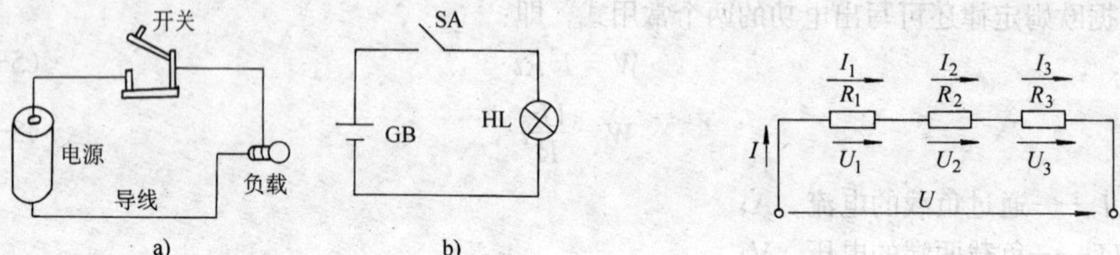

图 5—4　电路图

a）实物接线图　b）电路原理图

图 5—5　串联电路

串联电路有以下特点：

1）流过每个电阻的电流相等，并等于总电流，即：

$$I = I_1 = I_2 = \cdots = I_n \tag{5—11}$$

2）电路两端的总电压等于各电阻两端的分电压之和，即：

$$U = U_1 + U_2 + \cdots + U_n \tag{5—12}$$

3）电路的总电阻（等效电阻）等于各电阻之和，即：

$$R = R_1 + R_2 + \cdots + R_n \tag{5—13}$$

4）每个电阻上分配到的电压与电阻成正比，即：

$$\frac{U_1}{R_1} = \frac{U_2}{R_2} = \cdots = \frac{U_n}{R_n} = \frac{U}{R} = I \tag{5—14}$$

由上式可得到电阻串联的分压公式：

$$U_i = \frac{R_i}{R} \times U = \frac{R_i}{R_1 + R_2 + \cdots + R_i} \times U \tag{5—15}$$

式中：$\frac{R_i}{R_1 + R_2 + \cdots + R_i}$称为分压系数，$i = 1$、2、3、…、$n$。

串联电路的这些特点，在实际中有很多应用。如电压表利用串联不同的电阻来扩大其量程，电源利用电阻串联构成的分压器来获得几种不同的电压输出等。

（2）并联电路

两个或两个以上用电器的首尾接在相同两点之间所构成的电路叫做并联电路，如图 5—6 所示。

并联电路有以下特点：

1）并联电阻两端的电压相等，即：

$$U = U_1 = U_2 = \cdots = U_n \tag{5—16}$$

2）总电流等于各电阻分电流之和，即：

$$I = I_1 + I_2 + \cdots I_n \tag{5—17}$$

3）电路的总电阻（等效电阻）的倒数等于各分电阻倒数之和，即：

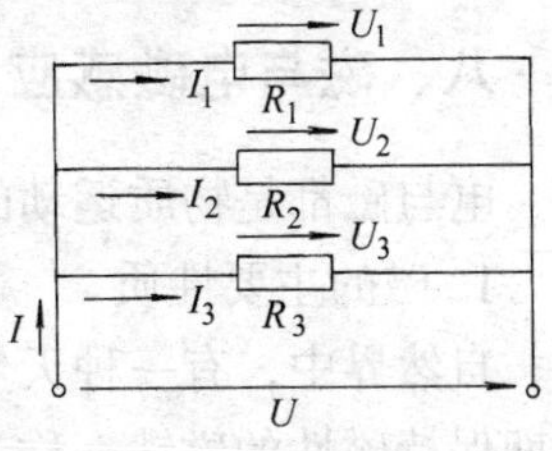

图 5—6　并联电路

$$\frac{1}{R} = \frac{1}{R_1} + \frac{1}{R_2} + \cdots + \frac{1}{R_n} \tag{5—18}$$

如果只有两个电阻并联，由式（5—18）可得：

$$R = \frac{R_1 \times R_2}{R_1 + R_2} \tag{5—19}$$

如果有 n 个阻值相同的电阻并联，由式（5—18）又可得：

$$R = \frac{R_\circ}{n} \tag{5—20}$$

其中，$R_\circ$ 为一个电阻的阻值。

4）每个电阻分配到的电流与电阻成反比，即：

$$I_1R_1 = I_2R_2 = \cdots = I_nR_n = IR = U \tag{5—21}$$

对两个电阻并联的电路，由式（5—21）得分流公式：

$$\begin{cases} I_1 = \dfrac{R_2}{R_1 + R_2} I \\ I_2 = \dfrac{R_1}{R_1 + R_2} I \end{cases} \tag{5—22}$$

并联电路的这些特点，在实际中得到了广泛的应用。如电流表利用并联不同的电阻扩大其量程；汽车上的启动机，照明灯等工作电压相同的设备并联使用，可使电器设备的工作互不影响。

2．电路图

实际工作中，电气设备安装和维修是依据电路原理图进行的，很少使用实物接线图。电路原理图简称为电路图，它是用国家统一规定的各种电路元件符号绘制成的电路连接图，如图 5—4b 和图 5—7 所示。常用电工图形符号可查阅 GB/T 4728—1985《电气图用图形符号》。

在图 5—4 所示电路中，电源和用电器之间是用两根导线构成回路的。这种连接方式称双线制。在汽车上，为了节省导线和便于安装、维修，电源和用电器之间通常只用一根导线连接，另一根导线则由车体代替而构成回路。这种连接方式称为单线制。采用单线制时，电源（蓄电池）的一端必须接到车体上，称之为接地，用符号“⊥”表示。按电源接地的极性分为正接地和负接地。由于负极接地时对无线电干扰较小，所以目前汽车采用负极接地较多，如图 5—7 所示。

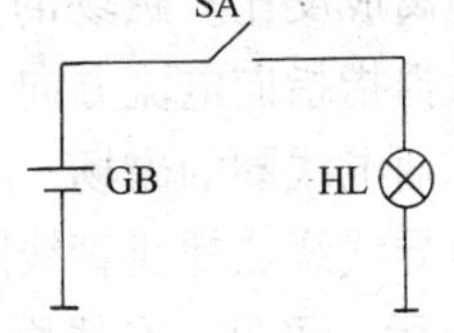

图 5—7　汽车电路的单线制电路图

八、磁与电磁感应

电与磁都是物质运动的基本形式，两者之间密不可分，统称为电磁现象。

1. 磁的主要性质

自然界中，有一种天然的磁铁矿，它能吸铁，称为磁铁。磁铁吸铁的性质叫做磁性。能长期保持磁性的磁铁，称为永磁铁，如电工仪表中的马蹄形磁铁。如果磁铁的磁性是暂时存在的，当外部磁化条件去掉后，磁铁的磁性随之消失，那么这种磁铁称为暂时磁铁，如汽车上使用的电磁铁和电磁开关等。

磁铁有以下性质：

（1）磁铁两端磁性最强，叫做磁极。磁极具有指向南北极的性质，通常把指向南端的磁极叫做南极，用S表示；指北端的磁极叫做北极，用N表示。

（2）将原来没有磁性的铁或钢制成的物体，放在磁铁旁边会获得磁性，叫做磁化。被磁化的铁磁物质离开磁铁后仍保留一定的磁性，叫做剩磁。

（3）同性磁极相互排斥，异性磁极相互吸引，磁极之间的这种相互作用力叫做磁力。

（4）将磁铁分割成若干段，分割后得到的每一小段磁铁总会有南北两个极，即N极和S极相互依存不能单独存在。

2. 磁场与磁力线

（1）磁场

磁体周围存在着磁力作用的空间，当另一磁体或通电导体置入该空间时，就要受到磁力的作用，通常把这个磁力空间叫做磁场。磁场具有力和能的性质，是一种物质，通常用磁力线来描述磁场的强弱和方向。

（2）磁力线

表示磁力方向的直线叫做磁力线。磁力线是闭合的曲线，其方向是假定从北极出发，经过磁体外部的空间进入南极，再由磁体内部回到北极，如图5—8所示。曲线上每一点的切线方向表示该点的磁场方向（即小磁针N极在该点的指向），曲线在该处的疏密程度（单位面积通过的磁力线条数）表示该处的磁场强弱。

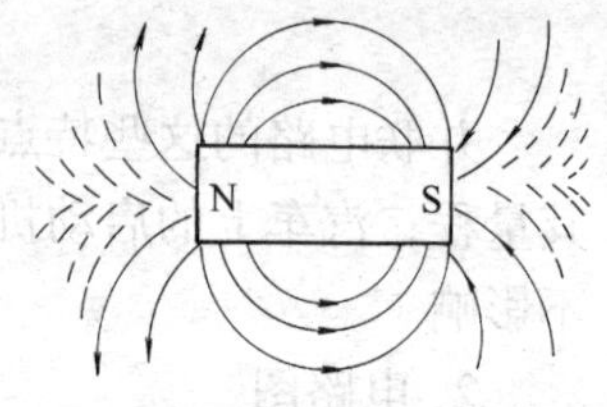

图5—8　磁力线

3. 电流的磁场

（1）通电直导体的磁场

通电导线的周围存在着磁场，这种现象称为电流的磁效应，这个磁场称为电磁场。其磁力线的分布是以导体为中心的一组同心圆，如图5—9所示。

实验证明：通电直导体周围各点磁场的强弱与导体中的电流大小成正比，与该点距导体的垂直距离成反比。磁场的方向与电流的方向有关，可用右手螺旋定则确定：右手握住导体，用大拇指指向电流方向，则四指弯曲的方向就是磁场方向，如图5—9b所示。

（2）通电线圈的磁场

把直导线绕成螺线管线圈，并通入电流，结果通电线圈产生类似条形磁铁的磁场，如图5—10a所示。可见，在线圈外部，磁力线从N极出来进入S极，线圈内部的磁力线方向由S极指向N极，并和外部的磁力线连接形成闭合曲线。

实验证明：通电线圈磁场的强弱，不仅与线圈的电流大小有关，而且还与线圈的匝数有

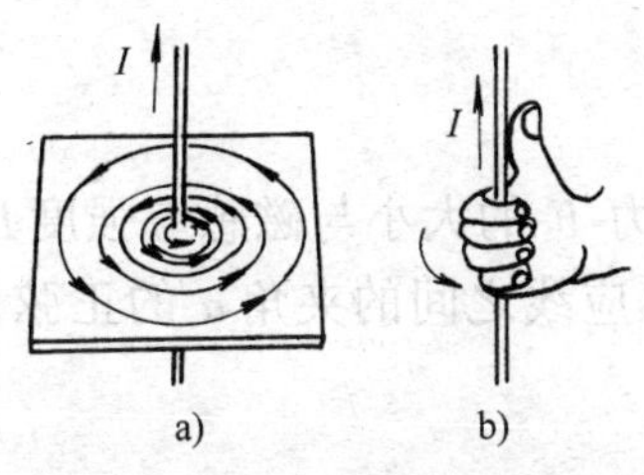

图 5—9 通电直导体的磁场

a）磁力线 b）右手螺旋定则

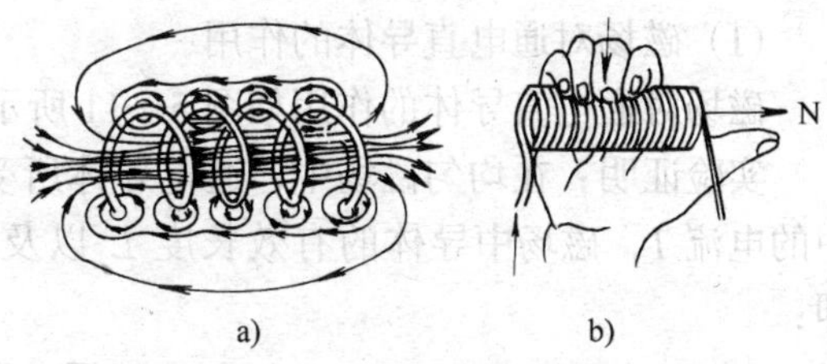

图 5—10 通电线圈的磁场

a）磁力线 b）右手螺旋定则

关，即与线圈的电流和匝数的乘积成正比。通电线圈的磁场的方向，可用右手螺旋定则确定：右手握住线圈，用弯曲的四指表示电流的方向，则拇指所指的方向就是磁场方向，如图 5—10b 所示。

4. 磁场的基本物理量

（1）磁感应强度

表示磁场内各点磁场的强弱和方向的物理量，称为磁感应强度，用 B 表示，单位是特斯拉（T）或韦伯/米^2（Wb/m^2）其定义式为：

$$B=\frac{F}{IL} \tag{5—23}$$

式中 F——通电导体受到的作用力，N；

I——导体中的电流，A；

L——导体在磁场中的有效长度，m；

B——磁感应强度，T 或 Wb。

磁感应强度的方向就是该点的磁场方向，即该点磁力线的切线方向。在均匀磁场中，磁感应强度的大小和方向都是相同的，其磁力线是一组分布均匀的平行直线。

（2）磁通量

磁感应强度 B 和与其相垂直的面积 S 的乘积称磁通量，简称磁通，用 Φ 表示，单位是韦伯（Wb），简称韦。如果在磁场中选择两处相同的面积，磁通量大的，磁场较强。所以磁通量在一定条件下反映了磁场的分布情况。

在均匀磁场中，B 是常数，则磁通量的计算公式为：

$$\Phi=BS \tag{5—24}$$

式中 B——磁感应强度，T；

S——面积，m^2；

Φ——磁通量，Wb。

由式（5—24）可得：

$$B=\frac{\Phi}{S} \tag{5—25}$$

该式表明，磁感应强度的大小就是垂直穿过单位面积上的磁通量（或磁力线数），所以磁感应强度又叫做磁通密度。

5. 磁场对电流的作用

通电导体周围存在着磁场，如果把通电导体放入磁场中，则通过磁场之间的相互作用，通电导体必然受到力的作用，我们把这个力叫做电磁力。

(1) 磁场对通电直导体的作用

磁场对通电直导体的作用如图 5—11 所示。

实验证明：在均匀磁场中，通电导体所受到的磁场力 F 的大小与磁感应强度 B，导体中的电流 I，磁场中导体的有效长度 L 以及导体与磁感应线之间的夹角 α 的正弦成正比，即：

$$F = BIL\sin\alpha \qquad (5—26)$$

式中 B ——磁感应强度，T；

I ——通过导体的电流，A；

L ——导体在磁场中的有效长度，m；

α ——导体与磁场方向间的夹角，rad；

F ——通电导体所受到的电磁力，W。

由上式可知，当导体与磁力线方向垂直时，即 $\alpha = 90°$，$\sin\alpha = 1$，导体受力 $F = BIL$ 为最大；当导体与磁力线方向平行时，$\alpha = 0°$，$\sin\alpha = 0$，导体不受力作用，$F = 0$。

通电导体在磁场中受到磁场力的方向可由左手定则来确定：平伸左手，使拇指与四指垂直，让磁力线垂直穿过掌心，四指指向电流的方向，拇指所指的方向就是磁场力的方向，如图 5—11b 所示。

(2) 磁场对通电线圈的作用

磁场对通电线圈的作用如图 5—12 所示。

设在均匀磁场中有一可绕轴 OO' 转动的通电矩形线圈 $abcd$。已知 $ad = bc = L_1$，$ab = cd = L_2$。线圈平面与磁力线平行，如图 5—12a 所示。由于 ab 和 cd 与磁力线平行，所受到的电磁力为零；而 ad 和 bc 与磁力线垂直，所受到的电磁力最大。两条边受到电磁力的大小和方向如下：

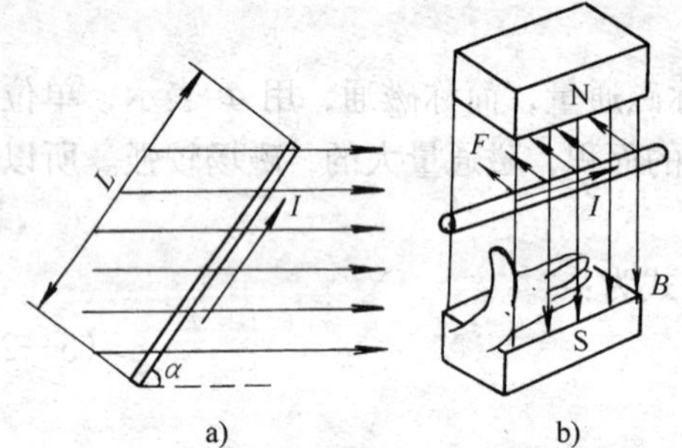

图 5—11 磁场对通电直导体的作用

a) 导体与 B 方向夹角为 α 时 b) 左手定则

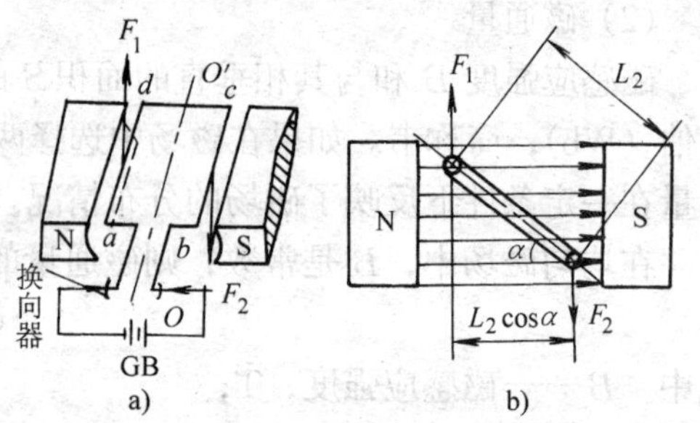

图 5—12 磁场对通电线圈的作用

a) 线圈平面与磁力线平行 b) 线圈平面转过 α 后

ad 边导体：$F_1 = BIL_1$，方向垂直 ad 向上；

bc 边导体：$F_2 = BIL_1$，方向垂直 bc 向下。

F_1 和 F_2 大小相等、方向相反，不在一条直线上，形成一对力偶。其力偶矩使线圈绕 OO' 轴作顺时针方向旋转，转矩大小为：

$$M = F_1 \times \frac{ab}{2} + F_2 \times \frac{ab}{2} = F_1 \times ab$$

$$=BIL_1L_2$$

$$=BIS \tag{5—27}$$

当线圈平面 S 转过一个角度 α 后，如图 5—12b 所示，线圈受到的转矩为：

$$M=BIS\cos\alpha \tag{5—28}$$

式中　B ——磁感应强度，T；

I ——通过导体的电流，A；

S ——线圈的平面面积，m^2；

M ——线圈受到的电磁转矩，N·m。

6. 电磁感应

实验证明：当导体作切割磁力线运动或通过线圈的磁通量发生变化时，导体或线圈中会产生电动势；若导体或线圈是闭合的、就会有电流。这种由导线切割磁力线或在闭合线圈中磁通量发生变化而产生电动势的现象，称为电磁感应现象。由电磁感应产生的电动势叫做感应电动势，由感应电动势产生的电流叫做感应电流。

（1）直导体中的感应电动势

1）感应电动势的大小。实验证明：在均匀磁场中，作切割磁力线运动的直导体，其感应电动势 e 的大小与磁感应强度B，导体的有效长度 L，导体的运动速度 v 以及导体运动方向与磁力线之间的夹角 α 的正弦值成正比，即：

$$e=BLv\sin\alpha \tag{5—29}$$

式中　B ——磁感应强度，T；

L ——导体有效长度，m；

v ——导体运动速度，m/s；

e ——感应电动势，V。

由上式可知，当导体的运动方向与磁力线垂直时：$\alpha=90^\circ$，$\sin\alpha=1$，$e=BLv$ 为最大；当导体的运动方向与磁力线平行时，$\alpha=0$，$\sin\alpha=0$，$e=0$ 为最小。

2）感应电动势的方向。做切割磁力线运动的导体，其产生感应电动势的方向可用右手定则来确定：平伸右手，拇指与四指垂直，让磁力线垂直穿过掌心，拇指指向导体运动方向，四指所指方向就是感应电动势的方向（或感应电流的方向），如图 5—13 所示。

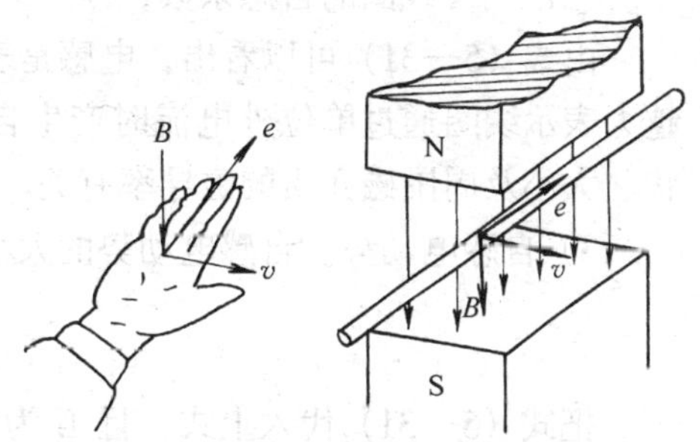

图 5—13　直导体中的感应电动势

（2）线圈中的感应电动势

线圈中的磁通量发生变化时，线圈就会产生感应电动势。感应电动势的方向由楞次定律和右手螺旋定则来确定。

1）楞次定律。当闭合线圈回路中的磁通量发生变化时，回路中就有感应电流产生，感应电流的方向总是要使它产生的磁场阻碍闭合回路中原来磁通量的变化。或简单地说，感应电流产生的磁通总是企图阻碍原磁通的变化。

利用楞次定律判断感应电流方向，步骤如下：

①确定原磁场的方向及其变化趋势（增加还是减少）。

②由楞次定律确定感应电流的磁通方向是与原磁通同向还是反向。

③利用右手螺旋定则确定感应电流的方向，如图 5—14 所示，将右手握住线圈，大拇指指向产生感应电流的磁场方向，那么弯曲的四指的方向就表示感应电流的方向。

感应电动势的大小由法拉第电磁感应定律确定。

2）法拉第电磁感应定律。实验证明：线圈回路中因磁通量变化而产生的感应电动势的大小与通过线圈回路的磁通量变化率的负值成正比。如果线圈有 N 匝，则感应电动势大小为：

$$e = -N\frac{\Delta\Phi}{\Delta t} \tag{5—30}$$

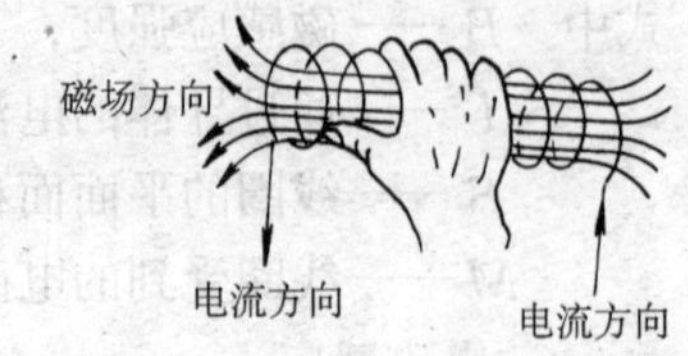

图 5—14　右手螺旋定则

式中 $\frac{\Delta\Phi}{\Delta t}$——磁通量对时间的变化率，W/s；

N——线圈匝数；

e——感应电动势，V。

式（5—30）称为法拉第电磁感应定律。

（3）自感

1）自感现象。自感现象是指通过线圈的电流发生变化时，线圈本身产生感应电动势的现象。由自感现象产生的感应电动势叫做自感电动势，用符号 e_L 表示。

2）自感系数。自感系数是用来描述线圈产生自感磁通本领的物理量。线圈中的磁通量与产生该磁通的电流的比值，叫做自感系数，简称自感，又叫做电感，用符号 L 表示。即：

$$L = \frac{\Phi}{i} \tag{5—31}$$

式中 Φ——当线圈外电流为 i 时所产生的自感磁通，Wb；

i——流过线圈的外电流，A；

L——线圈的自感系数，H。

由式（5—31）可以看出，电感是表示线圈中通过单位外电流所产生的自感磁通。电感越大表示线圈通过单位外电流时产生自感磁通的本领越大。电感的大小与线圈的匝数、形状、大小及周围磁介质的磁导率有关。

3）自感电动势。自感电动势的大小，可由法拉第电磁感应定律得：

$$e_L = \left| -\frac{\Delta\Phi}{\Delta t} \right| \tag{5—32}$$

把式（5—31）代入上式，且 L 为常数时，得：

$$e_L = \left| -L\frac{\Delta i}{\Delta t} \right| \tag{5—33}$$

式中 Δi——线圈中外电流在 Δt 内的变化量，A；

Δt——线圈中外电流变化 Δi 所用的时间，s；

L——线圈的电感量，H；

e_L——自感电动势，V。

式（5—33）表明，自感电动势的大小与线圈的电感及线圈中外电流的变化快慢（变化率）成正比。负号表示自感电动势的方向总是企图阻碍外电流变化。该式是在 L 为常数时导出的，是计算空心线圈的专用式。如果线圈有铁心，应根据普遍式（5—32）计算自感电动势。

自感电动势的方向用楞次定律和右手螺旋定则确定。

(4) 互感

1）互感现象。互感现象是指一个线圈中的电流变化而使另一个线圈产生感应电动势的现象，如图 5—15 所示。

图中线圈 1 叫做原线圈或初级线圈；线圈 2 叫副线圈或次级线圈。当开关闭合或切断的瞬间，可以看到与线圈 2 相连的电流表发生偏转。这是因为线圈 1 中变化的电流要产生变化的磁通 Φ_{11}，这个变化的磁通中有一部分（Φ_{12}）要通过线圈 2，使线圈 2 产生电动势，并由此产生感应电流使电流表发生偏转。把由互感现象产生的感应电动势叫互感电动势，用符号 e_M 表示。

2）互感电动势的大小。根据法拉第电磁感应定律可得互感电动势的大小：

$$e_{2M}=\left|-N_2\frac{\Delta\Phi_{12}}{\Delta t}\right| \tag{5—34}$$

式中　N_2——线圈 2 的匝数；

$\frac{\Delta\Phi_{12}}{\Delta t}$——$i$ 在线圈 2 中产生的磁通随时间的变化率，又称互感磁通量变化率，Wb/s；

e_{2M}——线圈 2 中产生的互感电动势，V。

式（5—34）说明，互感电动势的大小与互感磁通量的变化率及次级线圈的匝数成正比。

3）互感电动势的方向。互感电动势的方向不仅与磁通的变化趋势有关，还与线圈的同名端（线圈的绕向）有关。所谓同名端、就是绕在同一铁心上的线圈其绕向相同的接线端，如图 5—16 中，线圈 A、B、C 中的 1、4、5 和 2、3、6 均为同名端。在判断互感电动势方向时，先用楞次定律和右手螺旋定则确定发生自感现象那个线圈的自感电动势方向，再根据同名端确定互感电动势的方向。

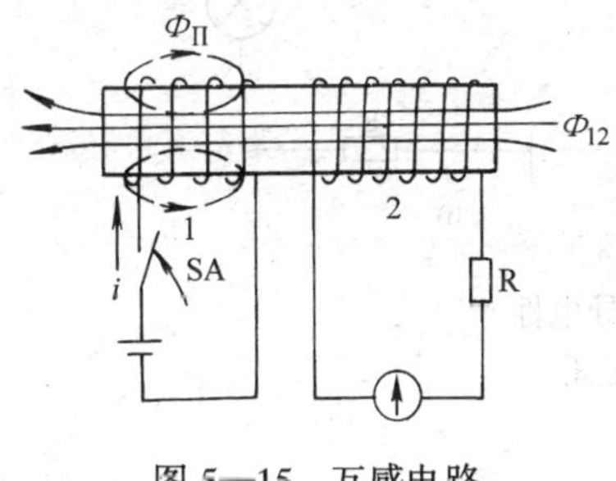

图 5—15　互感电路

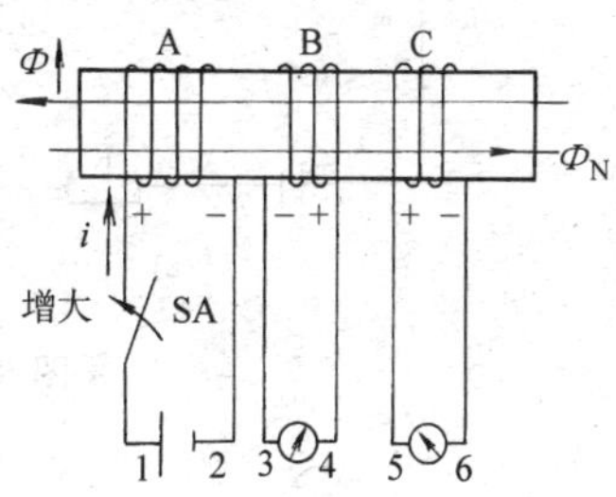

图 5—16　互感线圈的同名端

第二节　晶体管的基础知识

一、PN 结

1. P 型、N 型半导体

四价元素硅、锗、硒等都是常用的半导体材料，这些纯净的半导体在常温下导电能力很差。若将五价元素如锑、铅等渗入上述纯净半导体中，会大大增强其导电能力。由于原子外层是五个电子，在其与外层只有四个电子的邻近半导体原子形成共价键时，就会多出一个电子不能结合在共价键内，这个多余的电子就容易挣脱出来，成为自由电子，形成了以自由电子导电为主的半导体，称为N型半导体。若掺入的是三价元素如硼等，在形成共价键时，又缺少一个电子，共价键中多出一个空位，这个空位称“空穴”，形成了以空穴导电为主的半导体，称为P型半导体。

自由电子带负电，空穴带正电，它们的存在极大地增强了半导体的导电能力。自由电子和空穴同时参与导电，是半导体导电的基本特征。

2. PN结及其单向导电性

任意一种半导体基片，无论是P型还是N型，只要通过适当的工艺就可以形成P型和N型两种半导体的结合面。这个结合面上形成的一个特殊结构薄层，称为PN结，如图5—17所示。

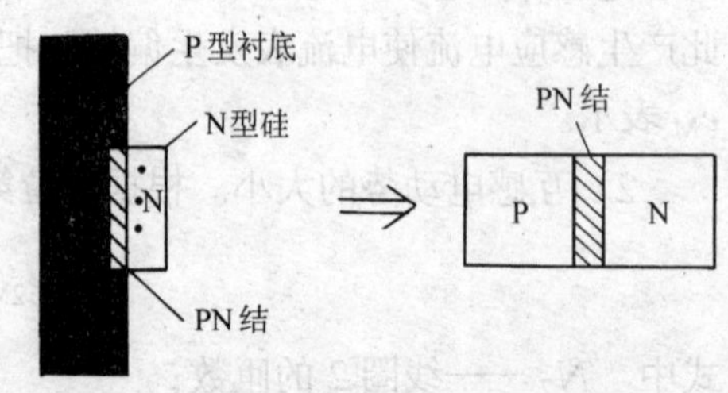

图5—17 PN结结构

PN结具有单向导电性，可通过在PN结两端加正向或反向电压实验证实。

图5—18a所示电路表示在PN结上加正向电压（或叫正向偏置），即P区接电源正极，N区接电源负极。此时PN结处于正向导通状态，呈现低阻性，电路上有较大电流通过，串联在电路中的小电灯发光。反之，当加入反向电压时，电流则很难通过，小电灯不亮，此时PN结处于反向截止状态，如图5—18b所示。

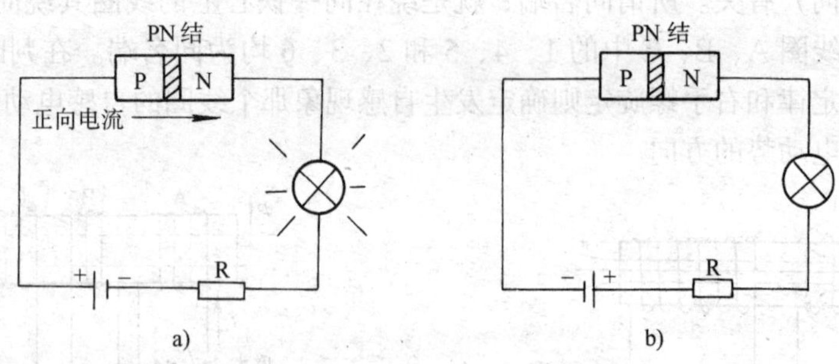

图5—18 PN结的单向导电性

a）正向导通 b）反向截止

二、晶体二极管

1. 晶体二极管的结构和分类

（1）晶体二极管的结构

晶体二极管（简称二极管）是由一个PN结加上相应的电极引线和管壳做成。常用的二极管结构及符号如图5—19所示，箭头所指方向是其正向导通方向，二极管用V表示。

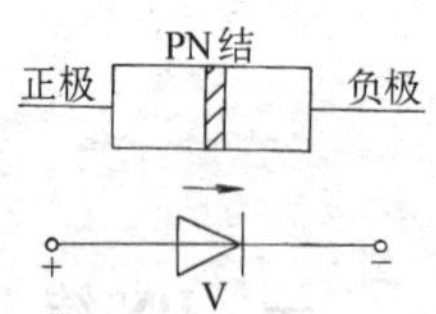

图5—19 二极管的结构示意图和符号

（2）晶体二极管的分类

1）按基片材料分，可分为锗二极管和硅二极管。

2）按结构分，可分为点接触和面接触两类。点接触二极管PN

结接触面积小，不能通过很大的正向电流和承受较高的反向工作电压，但工作效率高，常用来作为检波器件。而面接触二极管的PN结面积大，能允许通过较大的电流，可用作整流器件。

3）按用途分，可分为检波二极管、整流二极管、稳压二极管、开关二极管等。

2. 晶体二极管的伏安特性

二极管的伏安特性是指通过二极管的电流 I 与加在二极管两端的电压 U 之间的关系，可用伏安特性曲线表示，如图 5—20 所示。

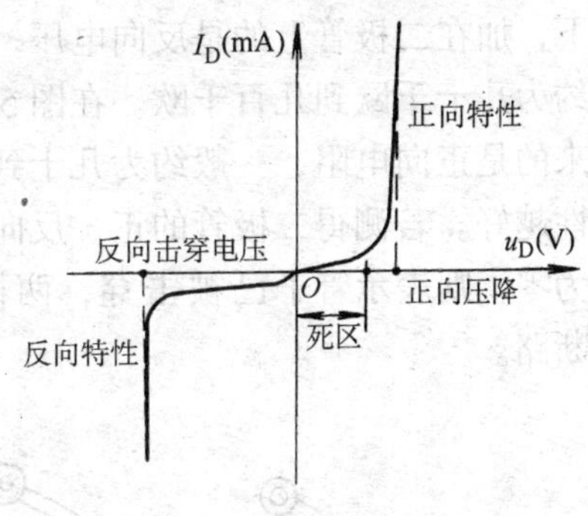

图 5—20　二极管伏安特性曲线

（1）正向特性

当给二极管加正向电压时，有电流通过二极管。当外加电压很小时，电流很小，近似为零，称为不导通或死区。只有当外加电压增大到大于一定数值后（此电压值对硅管约为 0.5 V，锗管约为 0.2 V），电流随电压增大而迅速增大，此时二极管导通。只要电流值不超过规定范围，二极管的正向电压几乎维持不变，该电压值称二极管正向电压。

（2）反向特性

当二极管两端加反向电压时，由于二极管的反向电阻很大，只有极小的电流（小功率硅管小于 0.1 μA，锗管为几十微安）。当反向电压不超过某一限度时，反向电流几乎与反向电压无关，这个电流值称为反向饱和电流。当反向电压超过一定数值时反向电流突然增大，此后二极管的伏安特性非常陡，二极管失去单向导电性，这种现象称为反向击穿，此时的电压值称为反向击穿电压。

晶体二极管加一定的正向电压时导通，加反向电压时截止，这一导电特性，称为晶体二极管的单向导电性。

3. 晶体管主要参数

（1）最大整流电流 I_m

二极管长期工作时，允许通过的最大正向平均电流叫做最大整流电流。当电流超过该值时，将使二极管因过热而损坏。

（2）最高反向工作电压 U_{rm}

二极管长期工作时，允许加到二极管两端的最高反向电压。一般取反向击穿电压的1/2~1/3数值作为最高反向工作电压，以确保二极管的安全使用。

4. 硅稳压二极管

稳压二极管与普通二极管一样，也是由一个 PN 结构成，不同的是制造时经过特殊工艺制作，工作区域不同。稳压二极管的工作区在反向击穿区，在电路中稳压二极管的两端应加反向电压。

5. 汽车用整流二极管

汽车交流发电机用硅整流二极管，具有一个引出极，另一个是外壳，如图 5—21 所示。

汽车用二极管分为正向二极管和反向二极管两种。正向二极管的引出端为正极，外壳为负极；反向二极管的引出端为负极，外壳为正极，如图 5—21 所示。通常在正向二极管上涂有红点，反向二极管上涂有黑点。

6. 晶体二极管的简易判别

使用二极管时，需要辨别其正、负极性和粗略判断二极的好坏。利用万用表测量时，先把万用表拨到“欧姆”挡，一般采用 $R\times100$ 或 $R\times1$ k 这两挡。然后用表棒分别正向和反向测量二极管的两端，如图 5—22 所示。由于万用表欧姆挡内接有电池，红表棒内接电池的正极，黑表棒内接电池的负极，所以红表棒带正电，黑表棒带负电。在图 5—22a 所示情况下，加在二极管上的是反向电压，测量出来的是反向电阻。一般小功率晶体二极管反向电阻约为几十千欧到几百千欧。在图 5—22b 所示的情况下，加在二极管上的正向电压，测量出来的是正向电阻，一般约为几十到几百欧。正、反向电阻相差越大，表明二极管的单向导电性越好。若测得二极管的正、反向电阻值相近，表示管子已坏；若正、反向电阻值都很小或为零，则表示管子已被击穿，两极已短路；若正、反向电阻都很大，则说明管子内部已断路。

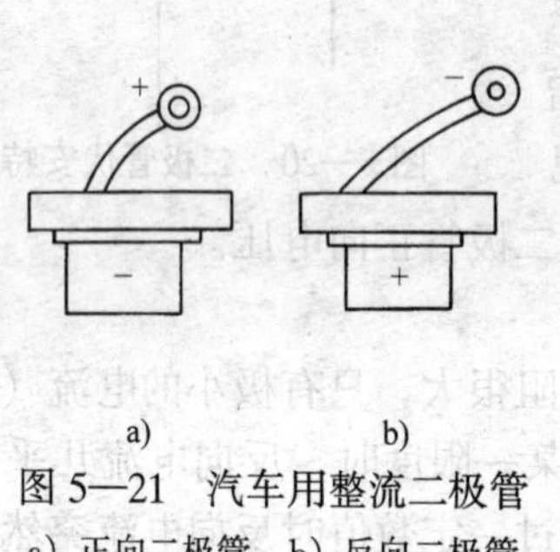

图 5—21　汽车用整流二极管

a）正向二极管　b）反向二极管

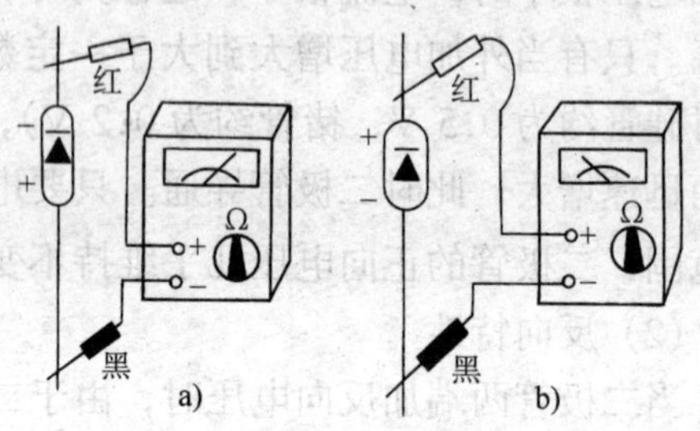

图 5—22　用万用表检测二极管

a）测出正向电阻小　b）测出反向电阻大

在测量二极管的正、反向阻值时，当测得的阻值较小时，红表棒与之相接的那个电极就是二极管的负极、与黑表棒相接的那个电极为二极管的正极。反之，当测得阻值较大时，与红表棒相接的那个电极为管子的正极、与黑表棒相接的那个电极就是负极。

三、晶体三极管

晶体三极管（简称三极管或晶体管）是电子电路中的重要元件，具有放大作用。

1. 晶体三极管的结构

三极管是由两个 PN 结构成的一种半导体器件。根据 PN 结的组合方式不同，三极管可分为 PNP 型和 NPN 型两种类型，其外形、结构和图形符号如图 5—23 所示。可见，三极管有两个结和三个区。中间为基区，两边分别为发射区和集电区。从这三个区引出相应的电极，称为基极、发射极和集电极，简称 b 极、e 极和 c 极。在三个区的交界处形成了两个 PN

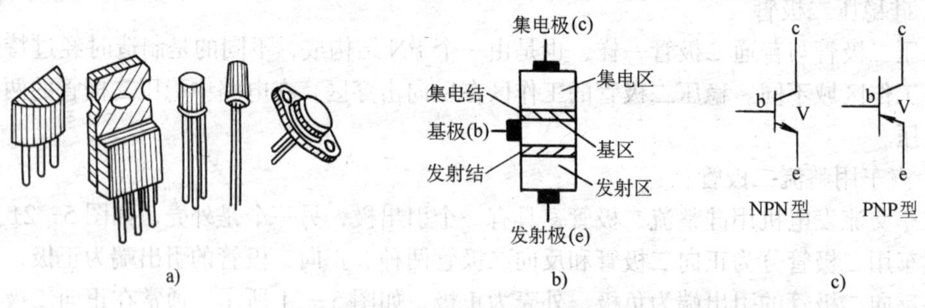

图 5—23　三极管的外形和电路符号

a）外形　b）结构　c）符号

结，发射区与基区分界处的 PN 结叫做发射结，集电区与基区分界处的 PN 结叫集电结。图形符号中的箭头表示 PN 结在正向电压下三极管的电流方向，对于 PNP 型三极管发射极箭头向里，NPN 型三极管的发射极箭头向外。

按制造三极管的基片材料不同，又可分为硅三极管和锗三极管二大类，硅管和锗管又都有 NPN 和 PNP 两种管型。

2. 晶体三极管的工作状态

晶体三极管有三种工作状态：放大、截止和饱和。它们的特点分别是：

(1) 放大状态

发射结正向偏置，集电结反向偏置。I_b、I_c、I_e 的关系为 $I_e = I_b + I_c$。当 I_b 有微小变化时，会引起 I_c 作较大的变化。I_c 的变化基本上与 U_{ce} 无关，I_c 只受 I_b 的控制。

(2) 截止状态

发射结和集电结均处于反向偏置。此时，由于三极管内基本上没有电流通过，所以管子呈现高阻状态。

(3) 饱和状态

发射结和集电结均正向偏置。集电极和发射极之间的电压值很小（硅管约为 0.3 V，锗管约为 0.7 V)，集电极电流 I_c 较大，三极管呈现低阻状态，集电极和发射极之间几乎短路。

3. 晶体三极管的主要参数

三极管的参数是用来表示三极管的各种性能指标和应用范围，是评价三极管优劣及选用三极管的依据。

(1) 电流放大系数 β

电流放大系数是表示三极管的电流放大能力的参数。常用三极管的 β 值一般在 20～200 之间。

(2) 穿透电流 I_{ceo}

集电结反向偏置，基极开路（$I_b = 0$)，集电极与发射极之间的反向电流叫做穿透电流。在选用三极管时，I_{ceo} 越小，管子对温度的稳定性越好，工作越稳定。

(3) 集电极最大允许电流 I_{cm}

集电极电流 I_c 趋近一定值时，三极管的 β 值就要降低。为了使 β 值下降不超过正常规定允许值要规定集电极最大允许电流。

(4) 集射板反向击穿电压 U_{rceo}

基极开路时在集射极之间的最大允许电压，称为集射板反向击穿电压。使用时，若 $U_{ceo} > U_{rceo}$，就会导致三极管击穿损坏。通常 U_{rceo} 应大于电源电压 1.5～2 倍。

(5) 集电极最大允许耗散功率 P_{cm}

集电极电流通过晶体管时引起功耗，并使集电结发热，结温升高。为了限制温度不超过允许值而规定集电极功耗的最大值，称为集电极最大允许耗散功率。

4. 晶体三极管的简易判别

(1) 管脚和类型判别

1) 确定基极和类型。NPN 型和 PNP 型三极管都包含有两个 PN 结，因此可以根据 PN 结的正向电阻小，反向电阻大的特点，用欧姆挡（$R\times100$ 或 $R\times1\,000$）来判别。三极管的简易判别如图 5—24 所示。

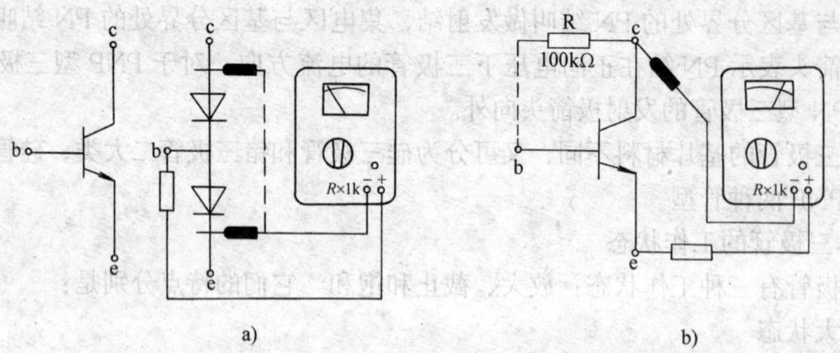

图 5—24　三极管的简易判别

a）确定三极管的基极和类型　b）判别 NPN 型管的发射极和集电极

任意假设一个极是基极，用万用表任一表棒与假设基极相接，另一表棒分别与其余两个电极依次相接，如图 5—24a 所示。若测得的电阻都很大（或很小），再将两表棒对调测量，若电阻都很小（或很大），则上述假设的基极是正确的。如果测得的电阻是一大一小，则假设的基极不对，可换一个管脚做基极再测试，直到符合上面的正确结果为止。

基极确定后，用万用表的黑表棒接基极，红表棒分别和另外两电极相接，若测得电阻都很小，则为 NPN 型管；反之，则为 PNP 型管。

2）集电极和发射极的判别。基极确定之后，对于 NPN 型管可以用万用表两表棒任意接在其余两管脚上，并在基极与黑表棒（负极）之间接一只 100 kΩ 的电阻，如图 5—24b 所示。然后观察电阻值，之后再将两表棒对调，按上法重测一次，最后比较两次测得的电阻值，以电阻值较小的一次为准，此时黑表棒（负极）所接的管脚是集电极，红表棒（正极）接的是发射极。

对于 PNP 型管，仍以电阻小的一次为准，此时红表棒（正极）接的是集电极，黑表棒（负极）接的是发射极。

（2）晶体三极管好坏的粗略判别

根据三极管内 PN 结的单向导电特性，可用万用表分别测量 b，e 极间和 b，c 极间 PN 结的正、反向电阻。如果测得正、反向电阻相差较大，说明管子基本上是好的；如果测得正、反向电阻都很大，说明管子内部已经断路；如果测得正、反向电阻都很小或为零，说明管子极间短路或击穿。

第三节　蓄　电　池

蓄电池是一种化学电源。它能把电能转变为化学能储存起来（充电），故称蓄电池；又能把化学能转变为电能，向用电设备供电（放电）。目前汽车上广泛采用铅蓄电池，其电极材料主要成分是铅和铅的氧化物，电解液是硫酸溶液。

一、蓄电池的功用

汽车上的蓄电池与发电机并联，同属汽车的低压电源。一般情况下，只要发动机转速稍高，发电机的端电压就会高于蓄电池的电动势，而单独向用电设备供电。蓄电池只是在启动等少数情况下才对外供电，其功用如下：

1. 发动机启动时，向启动机提供强大的启动电流（一般高达 200～600 A）。同时还向点火系、仪表等供电。

2. 发动机处于低速运转，发电机端电压低于蓄电池电压时，由蓄电池向用电设备供电。

3. 发电机的端电压高于蓄电池的电动势时，蓄电池将一部分电能转变为化学能储存起来。

4. 发电机过载时，蓄电池协助发电机向用电设备供电。

5. 发电机转速和负载变化时，能保持汽车电系电压稳定。蓄电池还相当于一个较大的电容器，能吸收电路中随时出现的瞬时过电压，以保护晶体管元件不被击穿，延长其使用寿命。

二、蓄电池的构造

蓄电池主要由极板、隔板、电解液、外壳、连接条和极桩等组成，如图 5—25 所示。

1. 极板

蓄电池的极板有正极板与负极板两种，正负极板均由栅架和活性物组成，如图 5—26 所示。其中栅架是极板的骨架，一般铅蓄电池的栅架由铅锑合金浇铸而成。

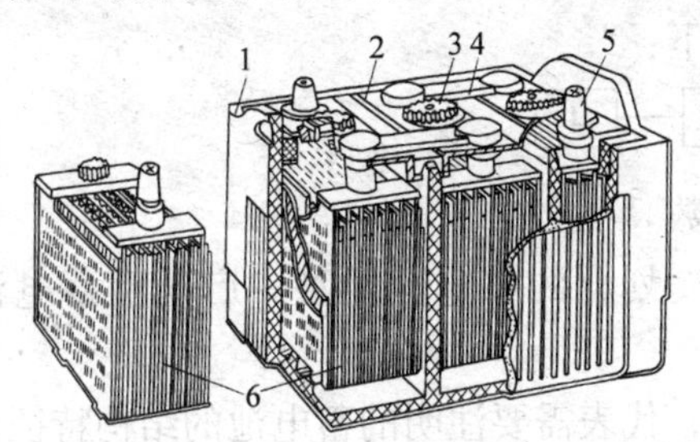

图 5—25　蓄电池构造

1—外壳　2—盖　3—加液孔盖塞

4—连接条　5—极桩　6—极板组

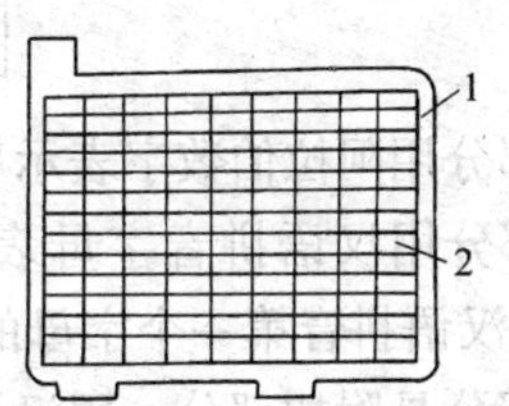

图 5—26　极板

1—栅架　2—铅膏涂料活性物质

正、负极板上的活性物质是不同的，正极板为二氧化铅（PbO_2），呈深棕色，负极板为海绵状铅（Pb），呈青灰色。

为增加蓄电池的容量，将多片正极板和多片负极板并联在一起，用横板焊接，组成正、负极板组，见图 5—25。横板上联有极桩，各片留有间隙。组装时正、负极板相互嵌合，中间插入隔板。在每个单格电池中，负极板的数量总比正极板多一片，保证正极板在负极板之间，使两侧充放电均匀。否则，由于正极板电化学反应强烈，单面工作将造成活性物质体积变化不一致而使极板拱曲。

2. 隔板

隔板夹在相邻的正、负极板之间，防止两者短路。隔板具有绝缘性和多孔性，以保证正负极板之间的电解液自由通过。隔板材料有木质、塑料、硬橡胶和玻璃纤维等。

3. 电解液

蓄电池的电解液由专用硫酸和蒸馏水配制成成。电解液的密度一般为1.24～1.28 g/cm^3（20℃），可用密度计测定。电解液密度随温度的改变而变化，一般当温度升高或降低 1℃

时，其密度减小或增大 0.000 7 g/cm³。

4. 壳体

蓄电池的壳体一般制成 3 个单格或 6 个单格，用耐热、耐振、耐酸的硬橡胶或塑料做成。

5. 连接条

每个蓄电池由 3 个或 6 个单格电池组成，每个单格电池之间由连接条串联起来。连接条由铅浇铸而成，多跨接在电池盖上。

6. 极桩

极桩分中间极桩和首尾极桩，中间极桩用于连接单格电池，首尾极桩则是蓄电池对外的接线柱，它分为正接线柱和负接线柱。正接线柱刻有“+”号，其柱涂为红色；负接线柱刻有“-”号，其柱涂为绿、白、黄等色。

7. 加液孔盖

每个单格电池上均设有加液孔。为防止电解液溅击和尘土杂物落入电池内，加液孔上拧有加液孔盖，盖上有一通气孔。加液孔内装有氧化铝过滤器和铂铑催化剂，以减少电解液中水的消耗。

三、蓄电池的型号

蓄电池的型号由四部分组成，其内容及排列如下：

1—2—3—4

第一部分用阿拉伯数字表示串联单格电池组成数。

第二部分用汉语拼音字母表示根据其主要用途划分的蓄电池类型。启动型蓄电池用“Q”，它是汉语拼音第一个字母的大写。

第三部分是附加部分，用汉语拼音字母作代号，代表需要注明的蓄电池的结构特征，代号见表 5—1。

表 5—1　　蓄电池的结构代号

结构特征	代号	汉字	拼音字母
干式荷电	A	干	gan
湿荷电	H	湿	shi
免维护	W	维	Wei

第四部分是用阿拉伯数字表示蓄电池的额定容量。额定容量系指 20 h 额定容量，其单位为安培小时（A·h）。

第四节　交流发电机与电压调节器

一、交流发电机的功用与组成

1. 交流发电机的功用

交流发电机是汽车中除蓄电池外的另一个重要电源。在发动机运转及汽车行驶的大部分时间里，由交流发电机向各用电设备供电，同时还向蓄电池充电。

2. 交流发电机的组成

普通汽车交流发电机一般由三相同步交流发电机和硅二极管整流器组成。现多为内调式交流发电机。内调式交流发电机除三相同步交流发电机和硅二极管整流器外，还在发电机内部装有集成电路调节器。图 5—27 所示为国产 JF 系列交流发电机解体图。

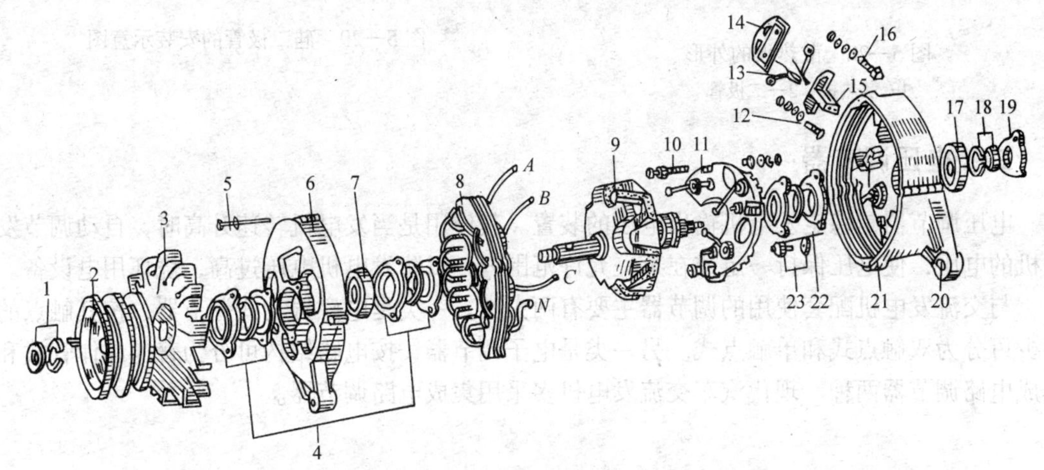

图 5—27　国产 JF 系列交流发电机解体图

1—紧固螺母及弹簧垫圈　2—带轮　3—风扇　4—前轴承油封及护圈　5—组装螺栓　6—前端盖　7—前轴承　8—定子　9—转子　10—“+”（电枢）接柱　11—散热板　12—“-”（接地）接柱　13—电刷及压簧　14—电刷架外盖　15—电刷架　16—“F”（磁场）接柱　17—后轴承　18—转轴固定螺母及弹簧垫圈　19—后轴承纸垫及护盖　20—安装臂钢套　21—后端盖　22—后端盖轴承油封及护圈　23—散热板固装螺栓

（1）三相同步交流发电机

三相同步交流发电机主要由定子总成、转子总成、前后端盖、电刷及电刷架、风扇与带轮等组成。

（2）整流器

整流器的作用是将定子绕组产生的三相交流电变为直流电，它由六只硅二极管、正散热板、后端盖（或负散热板）组成，并接成三相桥式整流电路。

二极管有两种，正极管和负极管，正极管的引线为二极管的正极，外壳为负极。在管壳底上一般有红字标记。负极管引线为二极管的负极，外壳为正极。管底壳上一般有黑色标记。

三个正极管装配在一个铝合金制成的散热板上。散热板安装在后端盖上，并与后端盖绝缘。从散热板上引出一个接线柱，绝缘地固定在后端盖上，作为发电机的输出接线柱“B”（“+”）。

三个负极管压装在后端盖或另一块散热板上（此散热板与后端相接），使后端成为发电机的“E”（“-”）柱。散热板的外形及硅二极管的安装示意图如图 5—28、图 5—29 所示。

整流器的安装有内装式和外装式。国产交流发电机多为内装式，但解放 CA1091、CA1092 型汽车装用的 JF1522A 和上海桑塔纳轿车装用的 JFZ1813Z 交流发电机则为外装式。整流器总成装于交流发电机后端盖的外侧。国产交流发电机全部为负极接地。

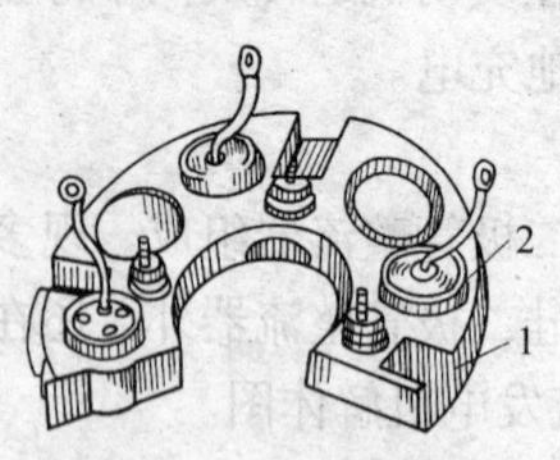

图 5—28　散热板的外形
1—散热板　2—二极管

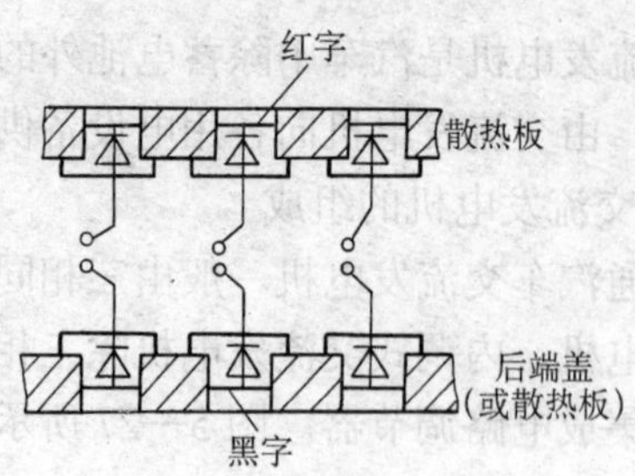

图 5—29　硅二极管的安装示意图

二、电压调节器

电压调节器是稳定发电机输出电压的装置。其作用是当发电机转速升高时，自动调节发电机的电压，使电压保持一定或在某一允许范围内，以防发电机电压过高，烧坏用电设备。

与交流发电机配套使用的调节器主要有两大类。一类是电磁振动式调节器，按其触点的多少可分为双触点式和单触点式。另一类是电子调节器，按电路结构可分为普通晶体管式和集成电路调节器两种。现代汽车交流发电机多采用集成电路调节器。

第五节　启　动　系

汽车发动机必须靠外力启动。启动系的功用就是将蓄电池的电能转变为机械能，产生转矩，启动发动机。启动系一般由启动机、控制继电器、点火开关（启动挡）等组成。

一、启动机的组成及分类

1. 启动机的组成

启动机一般由直流串励式电动机、传动机构、控制装置等三大部分组成。其结构如图 5—30 所示。

（1）直流串励式电动机

其功用是将蓄电池的电能转换为机械能，产生转矩，启动发动机。

（2）传动机构（单向离合器）

其功用是在发动机启动时，使启动机驱动齿轮啮入启动齿环，将启动机的转矩传给发动机曲轴。而在发动机启动后，使驱动齿轮与飞转齿环脱离，起保护作用。

（3）控制装置（即开关）

其功用是接通与切断电动机与蓄电池之间的电路，一般还具有接入与隔除点火线圈附加电阻的作用。

2. 启动机的分类

（1）按控制装置分类

1）直接操纵式启动机。已淘汰。

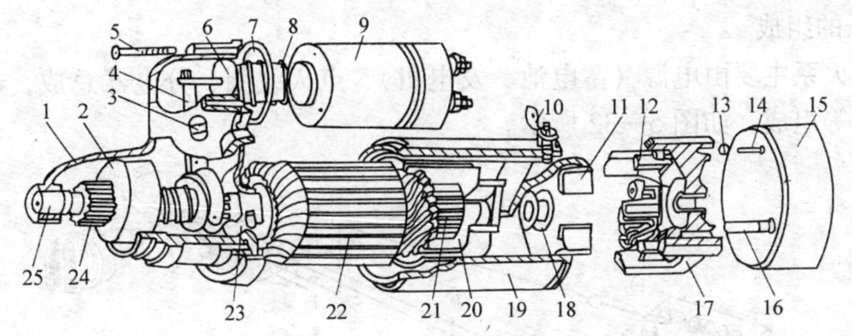

图 5—30　启动机的结构

1—后端盖　2—单向离合器　3—拨叉销轴　4—拨叉　5—固定螺钉　6—活动铁心　7—调整垫片　8—复位弹簧　9—电磁开关　10—导电片　11—电刷　12—电刷架　13—垫片　14—固定螺钉　15—防尘盖　16—通心螺栓　17—前端盖　18—止推垫片　19—外壳　20—磁极　21—换向器　22—电枢　23—中间支承板　24—驱动齿轮　25—电枢轴

2）电磁操纵式启动机。由驾驶员旋动点火开关或按下启动按钮，直接控制或通过启动继电器控制电磁开关，接通或切断启动机的电路。汽车广泛采用这种方法。

(2) 按传动机构啮合方式分类

1）惯性啮合式启动机。其啮合小齿轮借助惯性力自动啮入发动机飞轮齿环。启动后，小齿轮又靠惯性力自动与发动机飞轮齿环脱离。这种啮合机构的可靠性差，磨损严重，现代汽车已不再应用。

2）移动电枢啮合式启动机。启动机靠启动机磁极的电磁吸力，使电枢沿轴向移动而使传动小齿轮与飞轮齿环进入啮合。

3）强制啮合式启动机。靠人力或电磁力拉动拨叉，强制使传动小齿轮轴移动进入啮合或退出啮合。大多数汽车启动机采用这种方式。

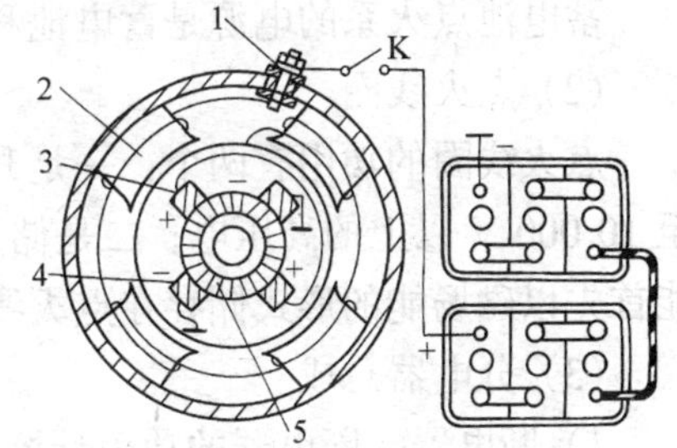

图 5—31　启动机的线路连接

1—绝缘接线柱　2—激励绕组　3—非接地电刷　4—接地电刷　5—整流子

二、启动机的线路连接

启动机的线路连接如图 5—31 所示，激磁绕组的一端接在外壳的绝缘接柱上，另一端与两个非接地电刷相连。

第六节　点　火　系

一、汽油机点火系的功用与组成

1. 点火系的功用

点火系的功用是将电源供给的 12 V 低压电变为 15～30 kV 的高压电，并根据发动机的工作顺序与点火时间的要求，适时地、准确地将高压电送到各缸火花塞，产生电火花，点燃可燃混合气，使发动机工作。

2. 点火系的组成

蓄电池点火系主要由电源（蓄电池、发电机）、点火线圈、分电器总成、电容器、附加电阻、火花塞等组成，如图 5—32 所示。

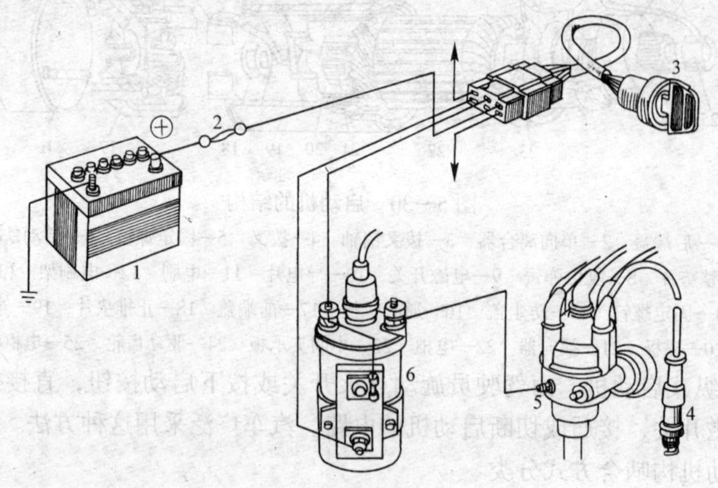

图 5—32　传统触点式点火系统

1—蓄电池　2—蓄电池接头连接软线　3—点火开关　4—火花塞　5—分电器　6—点火线圈

（1）电源

蓄电池点火系的电源是蓄电池和交流发电机，其功用是向点火系提供点火电能。

（2）点火线圈

点火线圈的功用有两个：一是升压，在断电器的配合下，将电源提供的 12 V 低压电升至 10 000 V 以上的高压电；二是储能，蓄电池点火系属电感储能式点火系，电源提供的电能首先以磁场能的形式储存在点火线圈内，点火时将磁场能转变为火花的热能释放出来。

（3）分电器总成

1）断电器。断电器的功用是控制点火线圈初级电路的通断，配合点火线圈完成升压任务。同时还起到控制点火时刻的作用。

2）配电器。配电器的功用是将点火线圈产生的高压电按点火顺序，在点火时刻送至相应气缸的火花塞上，产生电火花。

3）点火提前角调节器。在分电器总成中，点火提前角调节器有离心式调节器和真空式调节器两种。

①离心式调节器。其功用是在发动机转速变化时自动调节点火提前角。

②真空式调节器。其功用是在发动机负荷变化时自动调节点火提前角。

有些分电器中还设有辛烷值调节器。改变汽油牌号时，通过辛烷调节器可以调节初始点火提前角。

（4）电容器

电容器装在分电器外壳上，与断电器触点并联。其作用是减小断电器断开时产生的电火花，防止触点烧蚀，提高次级电压。

（5）附加电阻

串接在低压电路中，其作用是稳定初级电流改善点火特性。

(6) 火花塞

装在气缸盖上，其作用是将高压电引入燃烧室，产生电火花，点燃可燃混合气。

(7) 点火开关

点火开关的作用是接通或切断低压电路。

上述装置通过高低压导线按一定规律连接成蓄电池点火系的低压和高压电路。

3. 蓄电池点火系电路

电路如图 5—33 所示。

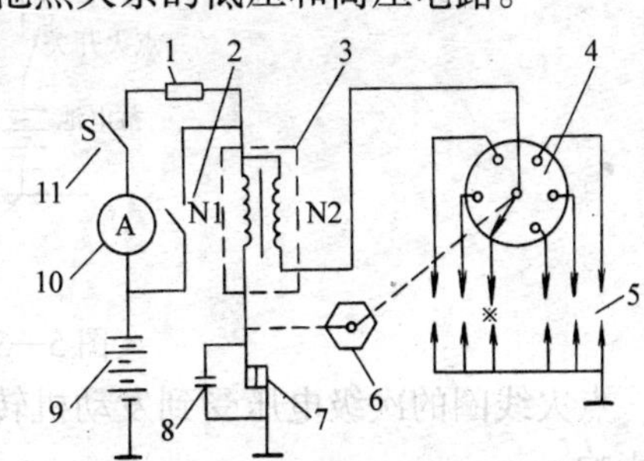

图 5—33　蓄电池点火系统电路

1—附加电阻　2—附加电阻短路开关　3—点火线圈　4—配电器　5—火花塞　6—断电器凸轮　7—断电器触点　8—电容器　9—蓄电池　10—电流表　11—点火开关

(1) 低压电路

断电器触点闭合时，低压电路接通。其电源是蓄电池或发电机，负载是点火线圈的初级绕组，电路为：

蓄电池（或发电机）“+”极→

{→附加电阻短路开关（启动时）→
电流表→点火开关→附加电阻（运行时）} → 点火线圈初级绕组→断电器触点→接地→蓄电池（或发电机）“－”极。

(2) 高压电路

断电器触点断开时，感应产生高压电。其电源是点火线圈次级绕组，负载为火花塞间隙。电路为：

点火线圈次级绕组“+”极→ {→附加电阻短路开关（启动时）→
附加电阻→点火开关→电流表（运行时）} →蓄电池→接地→火花塞侧电极→火花塞间隙→火花塞中心电极→分缸高压线→配电器旁电极→分火头→配电器中心电极→中央高压线→点火线圈次级绕组“－”极。

二、蓄电池点火系的工作原理

当发动机工作时，由发动机的凸轮轴驱动分电器轴旋转。轴上的凸轮周期性地使触点闭合、打开，触点每张开一次即点火一次。图 5—34 所示为蓄电池点火系的原理图。W_1 为点火线圈的初级绕组，W_2 为次级绕组，流经 W_1 的电流为初级电流，其电路为：蓄电池正极→电流表→点火开关→附加电阻→点火线圈初级绕组 W_1→断电器触点 K→接地→蓄电池负极。这个回路叫做点火系的初级电路或低压电路。从次级绕组 W_2 到火花塞的电路称为次级电路或高压电路。

当发动机工作时，断电器的齿轮不断地旋转，使断电器内的触点 K 不断地闭合与打开。在触点 K 闭合时，点火线圈中的初级绕组 W_1 有电流通过，产生磁场。由于初级电流上升的速度较慢，次级绕组产生的感应电动势较低，不能击穿火花塞电极间隙产生电火花。当凸轮将触点 K 顶开时，突然切断初级电路，初级电流很快消失，使点火线圈铁心内的磁场发生了很快的变化。由于磁场的迅速变化，在初级绕组中产生了约 300 V 左右的自感电动势。同时在次级绕组中互感出 15～30 kV 的高压电动势。此高压电动势按图中虚线所示的回路在火花塞处放电，形成电火花，点燃可燃混合气。触点开闭一次产生一次电火花，因为凸轮的凸角数和发动机的气缸数相等，所以凸轮转一圈，便可为各气缸点一次火。

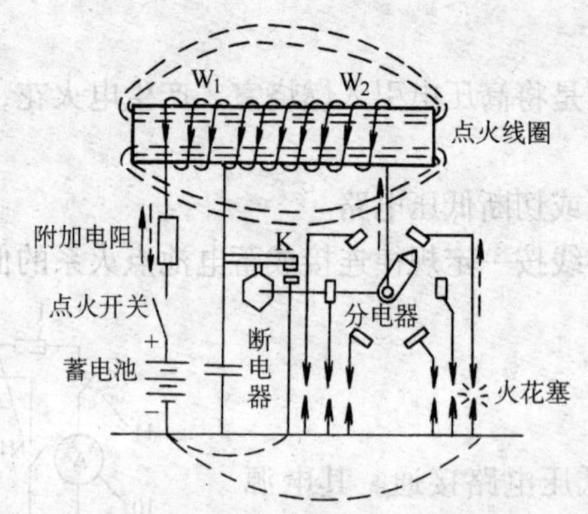

图 5—34　蓄电池点火系原理图

点火线圈的次级电压受到发动机转速、气缸数、火花塞积炭、电容量、触点间隙等因素的影响。

三、点火系的线路连接

东风 EQ1090 型汽车的点火系电路连接如图 5—35 所示。

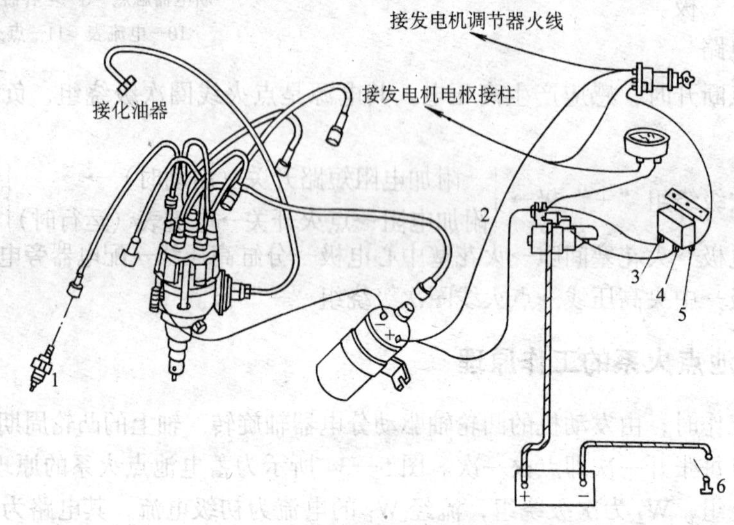

图 5—35　东风牌汽车点火系线路连接方法

1—火花塞　2—附加电阻线　3—启动机　4—电源　5—点火开关　6—搭铁（电源开关）

第六章　汽车维护、检修知识

第一节　汽车维护知识

一、汽车维护的必要性

汽车使用过程中，随着行驶里程的增加，各部零件将产生磨损、变形疲劳、松动、老化和损伤，导致车辆技术状况变坏，使汽车的动力性下降，经济性变差，安全可靠性降低。如果在使用过程中根据车辆的使用情况及磨损规律，把磨损、松动、脏污和易于出现故障部位的项目集中起来，分级分期强制进行润滑、调整、检查、紧固等维护作业，则能改善各部零件的工作条件，减轻磨损，消除隐患，降低运输成本，保证行车安全，并能延长汽车的使用寿命。因此，车辆维护应贯彻“预防为主，强制维护”的原则，保持车容整洁，及时发现和排除故障、隐患，防止车辆过早损坏。

二、汽车维护级别和各级维护的周期

1. 汽车维护的级别

汽车维护分为日常维护、一级维护、二级维护。

非定期维护包括走合维护、换季维护和对长期行驶或封存汽车的维护。

2. 各级维护的周期

各级定期维护的周期应根据车型、运行条件及使用的燃料、润滑材料确定。国产典型汽车（东风 EQ1091 型和解放 CA1091 型）的维护周期如下：一级维护为（2 000 ± 200）kM；二级维护为山区（含高原）（11 000 ± 1 000）kM，平原（含丘陵）（14 000 ± 1 000）kM。

进口和合资汽车根据说明书要求进行维护。

三、汽车维护作业的内容

汽车维护作业的主要内容包括清洁、检查、补给、润滑、紧固、调整等。

1. 清洁作业

清洁作业的主要内容是清洗汽车和各总成外表的泥污和油污；清洗和擦拭车身内外表面和各类附件，必要时进行车身打蜡；清洗零部件的积炭、结胶、水垢、油垢和锈斑；清洗油、水、气管道等。

2. 检查作业

检查作业的主要内容是检查外部机件是否齐全；连接是否紧固，是否有漏水、漏油、漏电和漏气等现象；利用汽车的各种仪表和警报装置检查各总成、机构等的技术状况，尤其是

重点检查影响汽车安全行驶的转向、制动、灯光、雨刮器等的工作情况；汽车拆检、装配和调整时应检查各主要部件的配合间隙等。

3. 补给作业

补给作业的主要内容是添加燃料、润滑油、冷却液、制动液、蓄电池的电解液和空调器的介质；给轮胎充气等。

4. 润滑作业

润滑作业的主要内容是按照汽车的润滑图表和规定的周期，用规定牌号的润滑油或润滑脂按规定的润滑部位进行润滑；各油嘴、油杯和通气塞必须配齐，并保持畅通；曲轴箱、变速器、转向器、后桥和轮毂等应按规定补充、更换润滑油或润滑脂。

5. 紧固作业

紧固作业的主要内容是紧固汽车各外露部分的连接螺栓，特别要对轮胎螺栓、转向球销螺母、传动轴连接螺栓、气缸盖螺栓等影响安全行驶的部位加强检查和紧固。

6. 调整作业

调整作业的主要内容是检查汽车各主要机构、总成、电器设备和仪表的技术状况，必要时按使用要求进行调整。

四、日常维护的作业项目

车辆日常维护是驾驶员必须完成的日常工作。其作业中心内容是坚持出车前、行车中和收车后检视车辆的安全机构及各部件连接紧固情况的三检制度；保持空气滤清器，机油、燃油滤清器和蓄电池的清洁；防止漏水、漏油、漏气和漏电；保持车容清洁等。

1. 出车前的日常维护

(1) 检查散热器水量、燃料箱油量、润滑油油量是否合乎规定。

(2) 检查轮胎气压是否合乎规定及轮胎螺栓紧固情况。

(3) 检查各部分有无漏水、漏油、漏气和漏电现象。

(4) 检查轮胎、传动轴、钢板弹簧等外露部位的螺栓、螺母是否齐全有效。

(5) 检查转向装置和横、直拉杆等连接部位是否牢固。行车制动装置、驻车制动装置和离合器的工作情况是否良好。

(6) 检查灯光信号、喇叭、雨刷器的工作情况。

(7) 检查主、挂车连接安全装置是否牢固。

(8) 检查风扇传动带、空气压缩机传动带的松紧度。

(9) 启动发动机，检查发动机运转是否正常，有无异响，各仪表工作是否正常。

(10) 检视车容、货物、行车装置情况。

2. 行驶中的日常维护

汽车行驶一段路程后，应停车检查保养。

(1) 检视各种仪表工作情况；检查有无漏水、漏油和漏气情况。

(2) 检查轮毂、制动鼓、变速器和差速器的温度。检查转向器、驻车制动器和离合器的工作是否有效可靠。

(3) 检查轮胎气压，清除双胎间和胎面花纹中的夹杂物。

(4) 检查各连接机件的螺栓、螺母的紧固情况及汽车各部件有无异响。

(5) 检查载装物是否牢固。

3. 收车后的日常维护

(1) 检查发动机运转情况，检查和补充燃油和冷却水。

(2) 检查各部位有无漏油、漏水、漏气和漏电现象。气压制动汽车，应放净储气筒内的积水和油污。

(3) 检查发动机润滑油油量。按规定对润滑点进行检查并添加润滑油（脂)。

(4) 未加防冻液的汽车，冬季应放净散热器和发动机中的冷却水。

(5) 检查转向、行驶、传动和制动系统各部件的连接情况，检查各外露部位的螺栓和螺母。

(6) 检查轮胎气压，清除胎间、胎面杂物。

(7) 检查风扇皮带及空压机皮带的松紧度，必要时予以调整。

(8) 检查照明装置、信号装置和雨刷器工作情况。

五、一级维护的作业范围

一级维护由专业维修人员负责实施。主要作业以清洁、润滑、紧固为主，并检查有关制动、操纵等安全部件；按规定扭矩检查紧固汽车外露各连接机件的螺栓、螺母；按规定的润滑部位加注或增添润滑脂和润滑油。具体作业项目与汽车结构形式有关，一般主要根据汽车使用说明书、维修手册推荐或有关的汽车维护技术标准的规定而确定。

六、二级维护的作业范围

二级维护由专业维修工执行。主要作业内容除一级维护作业外，以检查、调整为主，并拆检轮胎，进行轮胎换位，检查滤清质量和制动效能，检查安全机件的可靠性并消除隐患，调整易损件的配合状况，检查平衡零件的磨损程度等。

七、汽车走合期的使用与维护

走合期是指新车或大修后汽车运行初期，改善零件摩擦表面几何形状和表面层力学性能的过程。汽车的使用寿命、工作的可靠性和经济性在很大程度上取决于汽车使用初期的走合。走合期规定的里程通常为 1 000～1 500 km。

1. 走合期的使用要求

走合期行车必须遵守的主要规定包括减载、限速、正确驾驶等。

(1) 减少装载质量。走合期内，汽车必须适当减载。其装载质量一般不应超过汽车额定装载质量的 80%，并不得拖带挂车或其他机械行驶。

(2) 控制车速。一般载重车在走合期的最高车速不应超过 45 km/h，小型乘坐车不超过 50 km/h。同时在走合期间不得拆除限速装置。

(3) 发动机启动时不要猛踏加速踏板。要控制加速踏板行程，避免发动机高速运转。发动机启动后，应低速运转，待水温升到 330 K（60℃）左右再起步，行驶中水温应控制在 80～90℃。

(4) 起步要平稳，换挡要及时，选择平坦的良好路段行驶，以避免振动和冲击。

(5) 避免紧急制动、长时间制动或使用发动机制动。

2. 走合期的维护

(1) 走合前的维护

1）检查各部位的连接及紧固情况。

2）检查有无漏水、漏油、漏气和漏电情况。

3）检查各部位润滑油、制动液、冷却液的数量和质量，根据需要进行添加或更换。

4）检查轮胎气压。

5）检查制动系工作情况，要求制动距离符合制动规范要求，制动时应不跑偏，无卡滞现象。

6）检查电气设备、灯光和仪表工作是否正常。

(2) 走合中的维护

一般在汽车行驶 500 km 左右时进行。

1）经常检查变速器、发动机、前后驱动桥、中间支承、轮毂、制动鼓和传动轴是否发热或有异响。如严重发热或有异响应查明原因后及时排除。

2）检查各部位有无渗漏，必要时加以紧固。

3）检查并按规定力矩和顺序拧紧气缸盖螺栓、排气歧管螺栓和轮胎螺母。

4）检查制动效能，必要时进行调整。

5）走合 500 km 左右时，发动机应在热状态下更换一次润滑油。

(3) 走合后的维护

走合期结束后，应对汽车进行全面的检查、紧固、润滑和调整作业、拆除限速装置，使汽车达到良好的技术状况。

1）清洗下曲轴箱（油底壳），更换润滑油和机油滤芯。

2）按规定力矩和顺序紧固气缸螺栓。

3）检查和调整制动踏板、离合器踏板的自由行程。

4）测量气缸压力，检查调整气门间隙。

5）检查、紧固与调整前桥转向机构的技术状态。

第二节　汽车检修知识

汽车在使用过程中，由于机件之间的磨损，受工作负荷的冲击引起的变形，受交变负荷引起的疲劳，以及超载、道路条件差和驾驶操作不当等原因，会使机件产生裂纹和变形。机件出现过大磨损、变形、裂纹和间隙后，在运转过程中会出现异响、运转不平稳、漏油、漏气等故障。从而使汽车动力性下降，经济性变差，可靠性变坏，必须及时进行检修。

汽车检修是汽车诊断和修理的泛称。汽车诊断是指对汽车进行检查、测试、分析、判断等一系列活动，从而确定汽车的技术状况和故障原因及部位。汽车修理是用修理或更换车辆任何零部件的方法、为恢复汽车完好技术状况或工作能力而进行的作业。

一、汽车诊断知识

1. 汽车诊断方法

汽车诊断的基本方法是人工直观试探法和仪表法。

人工直观试探法是通过原地或道路试验，靠观察或采用简单工具来确定汽车的技术状况和故障的方法。这种方法投资少，但准确性差，不能给出定量数据。可用于初步诊断或仪表法的辅助诊断。

仪表法是用专用仪器设备，特别是采用微机智能技术，快速、自动、准确地检测汽车、总成和机构的性能参数，并进行自动分析、判断、存储和打印。

2. 汽车检测设备

(1) 发动机检测设备

1) 气缸压力表。气缸压力表是测量气缸压缩压力的仪表。

2) 气缸漏气率检测仪。气缸漏气率检测仪用来确切地判断气缸漏气的部位以及漏气量的大小。

3) 点火正时灯。点火正时灯用来在动态情况下测量点火提前角。

4) 真空表。真空表可以对发动机进行真空分析。真空分析可在发动机运转的条件下通过对进气歧管真空度的变化规律（即真空度的数值大小）进行观察进而判断发动机机械部分的故障。

5) 手动真空泵。手动真空泵可对真空元件进行密封性检查。

6) 冷却系统测试仪。冷却系统测试仪主要用于散热器盖开启压力以及冷却系统密封性能的检查。

7) 荧光渗漏检测仪。荧光渗漏检测仪可以检测所有汽车制冷剂和流体的渗漏。

8) 电脑式发动机分析仪。电脑式发动机分析仪是以微机为核心的发动机综合分析设备。

9) 排放分析设备。

①FVEA—324H 汽车排气分析仪可以测量汽车排气中的 CO 和 HC 的浓度值。

②FGA—4100 汽车排气分析仪可同时测量汽车排气中的 HC、CO、CO_2、O_2、NO_x（五组分）等气体的浓度值，并能测试出发动机转速、空燃比及油温等参数。

③烟度计用来检测柴油车排放的碳烟量。大致分为滤纸式烟度计、透光式烟度计和重量式烟度计。

(2) 底盘检测设备

1) 底盘测功机用来在室内模拟汽车的各种行驶状态，以检测汽车驱动轮的输出功率、汽车的滑行性能和加速性能。

2) 转向轮定位参数值检测设备。

①光学水准前轮定位仪可以用来在汽车静止状态下对前轮定位参数进行几何法测量，测量精确度高。

②车轮侧滑台。汽车以一定速度通过车轮侧滑台，测出车轮所受侧向力大小或车轮侧滑量大小来间接测量前轮定位。由于是间接测量，其测量精度不高。

3) 车轮动平衡机可以用来检测车轮的动不平衡，并测出不平衡质量和相位。

4) 制动试验台可以用来定量检测各轮制动力及制动距离等参数。

二、汽车修理知识

1. 我国汽车的修理制度

汽车修理制度是根据车辆检测诊断和技术鉴定的结果，视情况按不同作业范围和深度进行修理的制度，既要防止拖延修理造成车况恶化，又要防止提前修理造成浪费。

2. 汽车修理的分类

汽车修理是指汽车零件及总成修理的总和。汽车修理按作业范围分为汽车大修、总成大修、汽车小修和零件修理 4 类。

(1) 汽车大修

汽车大修是指新车或经过大修后的车辆，在行驶一定里程（或时间）后，经过检测诊断和技术鉴定，用修理或更换车辆任何零部件的方法，恢复车辆的完好技术状况，完全或接近完全恢复车辆技术性能的恢复性修理。

(2) 总成大修

总成大修是指车辆的总成经过一定使用里程（或时间）后，为恢复汽车总成完好技术状况、工作能力和寿命而进行的作业。

(3) 汽车小修

汽车小修是指用修理或更换个别零件的方法，保证或恢复车辆工作能力的运行性修理。主要是消除车辆在运行过程或维护过程中发生或发现的故障或隐患。

(4) 零件修理

零件修理是指对因磨损、变形、损伤等而不能继续使用的零件进行修理，使其恢复良好的技术状态。

3. 汽车大修和总成大修的送修标志

(1) 汽车大修送修标志

客车以车厢为主，结合发动机总成；货车以发动机总成为主，结合车架总成或其他两个总成符合大修条件。

(2) 总成大修送修标志

1) 发动机总成。气缸磨损，圆柱度误差达到 0.175～0.250 mm 或圆度误差已达到 0.050～0.063 mm（以其中磨损量最大的一个气缸为准）；最大功率或气缸压缩压力较标准降低 25%以上；燃料和润滑油消耗量显著增加。

2) 车架总成。车架断裂、锈蚀、弯曲、扭曲变形逾限，大部分铆钉松动或铆钉孔磨损，必须拆卸其他总成后才能校正、修理或重铆，方能修复。

3) 变速器（分动器）总成。壳体变形、破裂，轴承孔磨损逾限，变速齿轮及轴恶性磨损、损坏，需要彻底修复。

4) 后桥（驱动桥、中桥）总成。桥壳破裂、变形，半轴套管承孔磨损逾限，减速器齿轮恶性磨损，需要校正或彻底修复。

5) 前桥总成。前轴裂纹、变形，主销承孔磨损逾限，需要校正或彻底修复。

6) 客车车身总成。车厢骨架断裂、锈蚀、变形严重，蒙皮破损面积较大，需要彻底修复。

7) 载货汽车车身总成。驾驶室锈蚀、变形严重、破裂，或货厢纵、横梁腐朽，底板、拦板破损面积较大，需要彻底修复。

4. 汽车和总成送修的规定

(1) 汽车和总成送修时，承修单位与送修单位应签订合同，商定送修要求、修竣车日期和质量保证等。合同签订后必须严格执行。

(2) 汽车送修时，应具备行驶功能，装备齐全，不得拆换。

(3) 总成送修时，应在装合状态，附件、零件均不得拆换和短缺。

(4) 肇事汽车或因特殊原因不能行驶和短缺零部件的汽车，在签订合同时，应作出相应的规定和说明。

(5) 汽车和总成送修时，应将汽车和总成的有关技术档案一并送交承修单位。

5. 常见汽车小修项目的换件修理

(1) 更换风扇传动带

使用中如发现风扇传动带磨损、断裂或分层，应予更换。且双带必须同时更换。

更换风扇传动带时，先松开发电机调整臂的紧固螺钉，向内搬动发电机，拆除旧带后套入新带，然后调整风扇传动带的松紧度。

用拇指垂直于传动带方向，以 29～49 N 的力按下传动带，挠度以 10～15 mm 为宜。过小会使水泵轴承、发电机轴承早期损坏；过大则引起传动带打滑。风扇传动带松紧度的调节，是通过调节发电机和发电机调节臂的相对位置来实现的。

(2) 更换节温器

节温器工作不良会造成发动机冷却水水温不正常。如水温长时间不能上升，则节温器可能被卡住而关闭不严；如发动机容易“开锅”，而又不缺冷却水，则节温器可能已经损坏而不能开启。此时需要更换新的节温器。更换节温器时，要清除节温器所在水管处的水垢及污物，注意保持节温器的正确位置及方向。

(3) 更换电容器

分电器中的电容器损坏（绝缘击穿及内部引出线断路等），会造成断电器触点易烧蚀，甚至使分电器不能正常工作。电容器的好坏可用 220 V 交流电源来试验。将 15～25 W、220 V灯泡的一个触针接电容器引线，另一触针接电容器外壳，若此时灯亮，表明电容器短路；若灯不亮，将触针移去，然后使电容器引线和外壳相碰，有强烈火花发生，表明电容器良好，无火花，表明电容器内部断路。更换电容器时，要使保持架与电容器外壳固定牢靠，接线与分电器外壳接线柱的连接不松动。

(4) 更换断电器触点总成

断电器触点应平整光洁，接触面积不少于总面积的 85%，触点的单片厚度不得小于 0.50 mm，钢片弹簧在触点上的压力为 5～6 N。不符合上述要求则应予更换。更换时，先拔下分火头，然后从活动触点臂上拆开从分电器外壳接线柱来的接线，从活动触点臂销轴上拆下卡片，取下活动触点臂。旋下固定触点臂的紧固螺钉，取下固定触点臂。再按相反的顺序装上新的固定触点臂和活动触点臂，松开固定触点臂上的固定螺钉，转动偏心螺钉，将触点间隙调整为 0.35～0.45 mm 并旋紧紧固螺钉，装上分火头。

(5) 更换高压线

中心高压线或分高压线损坏，应及时更换。更换时，要保证高压线与分电器盖儿以及火花塞接触可靠，各缸分高压线的位置要符合发动机点火顺序的要求。

（6）更换轮胎

拆卸轮胎时，应使用正规的工具，不要使用带有尖角的工具，以免损伤轮胎。外胎和内胎的尺寸应相称。在一辆汽车上应该装用同一形式和尺寸的轮胎。用新轮胎替换损坏的轮胎时，最好将其装在同一轴上。如果双胎的磨损情况不一致，应将磨损少的轮胎装在外挡，以使两者和拱形路面接触较好。翻新轮胎不准作转向轮使用。

安装轮胎前，应清除轮辋、挡环和锁环上的污垢和铁锈。在外胎内表面和内胎、衬带上撒上滑石粉，以减少摩擦。注意不要让内胎打折。轮胎要按规定充气，充气时应注意压缩空气中不要混有油质。为防止锁环在充气中跳出，最好使用相应的防护工具。

第七章　灭火器的使用知识

灭火器是指在内部压力作用下，将充装的灭火剂喷出，来扑灭火灾的灭火器材。灭火器主要用来扑救初起火灾，是常备灭火器材。

一、清水灭火器

清水灭火器采用贮气瓶加压的方式，利用二氧化碳贮气瓶中的气体作动力，将灭火剂喷射到燃烧物上，以达到灭火目的。清水灭火器用以扑灭可燃固体物质火灾，其最大的优点是不污染火场上的物品。

1. 构造

清水灭火器主要由筒体、筒盖、喷射系统及二氧化碳储气瓶等部件组成。

2. 规格性能

清水灭火器只有手提式一种，型号为 MSQ9，灭火器高度为 635 mm，筒体内径为 160 mm，充装水（一般自来水）和少量添加剂，充装量为 9 L。

清水灭火器射程为 8～10 m，喷射时间为 40～50 s。

清水灭火器存放地点的环境宜在 4～55℃范围内，冬季应注意防冻。

筒体的试验压力为 2.5 MPa，且在此压力下维持 2.5 min，不应有泄漏和变形等现象。

3. 使用方法

(1) 将灭火器提至火场，距燃烧物 10 m 左右。

(2) 取下安全帽，然后用手掌拍击开启杆压头，这时二氧化碳储气瓶的密封膜片被击破，二氧化碳气体进入筒体内，形成压力迫使清水从喷嘴喷出，进行灭火。

(3) 当喷嘴喷出水时，立即一手提灭火器的提环，另一手托住灭火器的底圈，将射流对准燃烧最猛烈处喷射。

(4) 使用过程中，灭火器应始终保持与地面垂直状态，切忌颠倒或横卧，以避免喷射中断或只喷出少量清水。

(5) 每年应检查一次二氧化碳小钢瓶的重量。若重量减少 1/10 以上时，应重新充装二氧化碳气体。

二、二氧化碳灭火器

二氧化碳灭火器是利用灭火器中的高压液态二氧化碳喷出灭火。主要适用于扑救仪器仪表、贵重设备、图书资料、电压在 600 V 以下的电器设备、少量油脂以及一般可燃固体物质的初起火灾。

1. 型式规格

二氧化碳灭火器按充装量分为 MT_2、MT_3、MTZ_5 和 MTZ_7 四种规格。其中 MT_2 和

MT_3 为手轮式，MTZ_5 和 MTZ_7 为鸭嘴式。

灭火器标记示例如下：

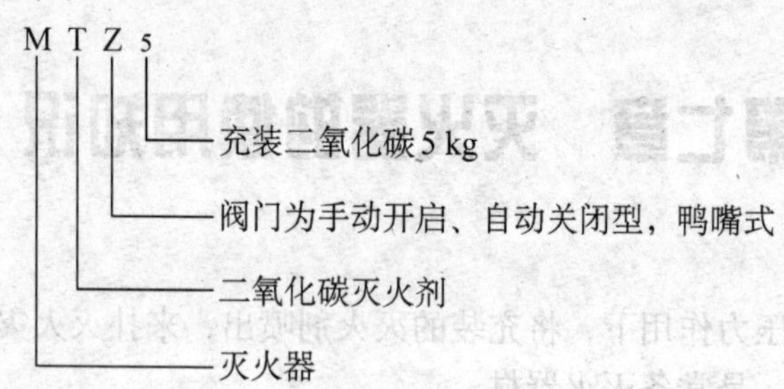

二氧化碳灭火器的技术数据可查有关资料。

2. 构造

MT 型二氧化碳灭火器主要由筒身、启闭阀和喷筒等组成，如图 7—1 所示。

筒身用无缝钢管制成，具有较高耐压强度。启闭阀用铸铜制造，具有良好的密封性能。在启闭阀下部有一根虹吸管。在启闭阀上装安全膜，当温度超过 50℃或筒内压力超过 18 MPa 时，会自行破裂放出二氧化碳气体。喷筒由喷管和喇叭筒组成。

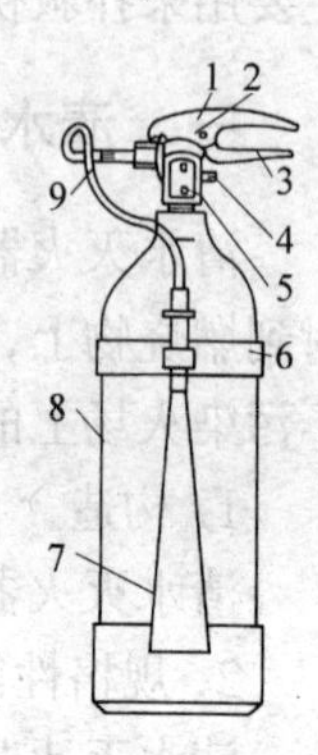

图 7—1　二氧化碳灭火器

1—压把　2—销　3—提把　4—安全堵　5—启闭阀　6—卡带　7—喷筒　8—钢瓶　9—喷管

3. 使用方法

(1) 灭火时，将灭火器喷筒对准火源根部，打开启闭阀，二氧化碳立即喷出。

(2) 鸭嘴式二氧化碳灭火器（MTZ 型），只要打开保险装置，右手紧握喇叭木柄，左手将鸭嘴压下，二氧化碳即喷出。

(3) 手轮式二氧化碳灭火器（MT 型），将手轮逆时针旋转，二氧化碳即能喷出灭火。

4. 使用注意事项

(1) 灭火器在使用过程中，要连续喷射防止余烬复燃。在室外灭火时，不能逆风使用，也不允许颠倒使用。

(2) 二氧化碳灭火器喷射时间短，使用要迅速。

(3) 筒身内二氧化碳处于液态，打开灭火器后，由于压力降低，二氧化碳由液态变成气体，吸收汽化热，喷嘴边的温度迅速下降。当温度下降到 −78.5℃时，二氧化碳将变成雪花状固体（常称干冰），因此使用时防止冻伤手。

(4) 二氧化碳是有毒气体，使用时要注意安全。当空气中二氧化碳含量达到 8.5%以上时，会造成呼吸困难，血压升高，失去知觉；含量达到 20%时，呼吸衰弱，会造成死亡。

(5) 二氧化碳灭火器应放在明显而易于取用的地方，且应防止气温超过 55℃和日晒。

(6) 定期检查灭火器内二氧化碳存量，如果二氧化碳的重量减少 1/10 时，应该补充灌装。

(7) 灭火器每 5 年进行一次水压试验。

三、干粉灭火器

干粉灭火器可有效地扑救可燃液体、可燃气体、电气设备和一般固体物质火灾。

干粉灭火器是以高压二氧化碳气体作为动力，喷射干粉灭火剂的灭火器械。干粉灭火器按移动方式分类有：MF 型手提式、MFT 型推车式、MFB 型背负式。按充装量分为：MF_1、MF_2、MF_3、MF_4、MF_5、MF_6、MF_8、MF_{10}八种规格。下面仅介绍常用的 MF 型手提式干粉灭火器。

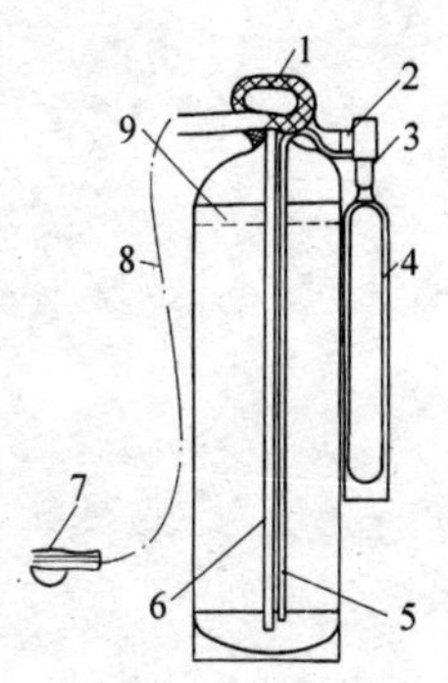

图 7—2　干粉灭火器
1—提盖　2—螺母
3—拉环　4—钢瓶
5—进气管　6—出粉管
7—喷嘴　8—喷粉胶管
9—机筒

手提式干粉灭火器按贮气瓶安装位置可分为：外装式和内装式两种。二氧化碳钢瓶在筒身内的称内装式，装在筒身外的称为外装式，如图 7—2 所示。

干粉灭火器型号标记示例如下：

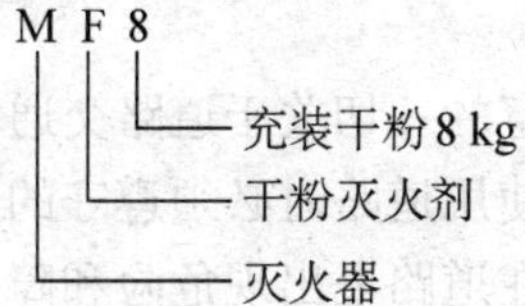

1. 构造

外装式干粉灭火器主要由筒身、钢瓶、提柄、胶管、进气管、出粉管和喷嘴等组成，如图 7—2 所示。

2. 使用方法

(1) 使用前，首先上下颠倒几次，使干粉预先松动。

(2) 灭火时，将灭火器喷嘴对准火源根部，一只手握住喷嘴，另一只手提提环，握住提柄。当拉起提环时，干粉在二氧化碳气体压力的作用下，由喷嘴射出，形成云雾状粉雾，将火扑灭。

(3) 扑救地面油火时，要平射，左右摆动，由近及远，快速推进。

3. 使用注意事项

(1) 干粉灭火器应设置在明显、易于取用且干燥通风良好的地方。

(2) 要防止灭火器受潮和日光曝晒。每半年检查一次干粉是否受潮结块；称一次二氧化碳钢瓶重量，若二氧化碳重量低于原重量的 9/10，应补充二氧化碳。

(3) 每次使用后应重新装粉和充气。

(4) 每五年进行一次 1.5 倍设计压力的水压试验。

第八章　相关法规常识

第一节　道路交通法规常识

道路交通法规是指国家机关制定的一切关于道路交通管理的法律、行政法规、地方性法规、规章的总称，是车辆、行人在使用道路时必须遵守的准则。

交通法规的制定和实施是防止在道路上出现危险和障碍，保障道路交通的畅通和正常秩序，保护国家财产和人民生命的安全。

目前我国公路交通管理法规基本上分为两大类，一类是公路行车管理，如《中华人民共和国道路交通管理条例》《高速公路交通管理办法》等；另一类是机动车及驾驶员管理，如《机动车运行安全技术条件》《机动车驾驶员管理办法》和《驾驶员考试办法》等。

与汽车驾驶员关系最密切、最直接的交通法规是《中华人民共和国道路交通管理条例》(以下简称《道路交通管理条例》)。机动车驾驶员必须了解《道路交通管理条例》的性质、作用和基本原则，熟知其各项要求和内容，严格遵守《道路交通管理条例》的各项规定。

一、道路交通法规的性质

道路交通法规是国家专门针对道路交通制定的管理规定。它是国家的行政法规之一，在道路上活动的机动车、非机动车、行人和其他物体都必须遵守，具有普遍的约束力。

二、道路交通法规贯穿的基本原则

道路交通法规制定和颁布，主要贯彻以下几条基本原则：

1. 畅通与安全并重的原则

道路交通法规把畅通和安全放在首要位置，明确规定：凡是在道路上通行的车辆、行人、乘车人，以及在道路上进行与交通有关活动的人员，都不能因为自己的交通行为而产生妨碍其他车辆和行人通行的后果。同时又明确规定：遇到道路交通法规没有规定的情况，车辆、行人必须在确保安全的原则下通行。道路交通法规不仅对畅通与安全作了具体规定，并把这些精神渗透到各个法规条文之中，充分体现了道路交通必须畅通、安全的原则。

2. 交通权利与义务相统一的原则

道路交通中人们最基本的权利和义务，就是在道路上通行的权利和尊重他人通行权，让他人先行的义务。道路交通法规规定：行人走人行道，过马路在人行横道内通行享有通行权；非机动车在非机动车道内行驶，机动车按分道行驶规定在机动车道内通行享有通行权。同时又规定：支路车让干路车先行；支干路不分的路口，非机动车让机动车先行，但右转弯的机动车让同方向直行的非机动车先行，转弯车让直行车先行；同为转弯或直行的，非公交车辆让公交车辆先行；进入环路口的车让已在环路内的车先行。为了保证交通权利和义务的一致性，道路交通法规本着“随意闯入他人的通道就是侵权行为，由此发生的事故应由侵权者承担主要及全部的法律责任”这样一种执法原则来保证交通法规的实施。

3. 道路为交通所用的原则

道路是道路交通的基础，必须为交通所用。将道路移作它用，任意占路，势必影响道路的功能。为此，道路交通法规对道路作了专门规定：道路应保持路面平整，设施完好，出现路面损坏、设施残缺等问题影响交通安全畅通时，市政、公路管理部门应采取措施尽快修复。任何单位和个人，未经公安机关批准，不准占用道路摆摊设点、停放车辆、堆物作业、搭棚盖房、进行集市贸易和其他妨碍交通的活动。这一系列规定为保持交通畅通和安全提供了保证。

4. 靠右通行、各行其道的原则

道路交通法规规定“驾驶车辆，赶骑牲畜，必须遵守右侧通行的原则”，“车辆行人必须各行其道；借道通行的车辆或行人，应当让在其本道内行驶的车辆或行人优先通行”。这些规定为理顺交通秩序提供了法律保证。

5. 公安机关统一管理的原则

道路交通管理的总方针是专门机关和群众管理相结合。道路交通法规贯彻“公安机关作为道路交通管理的专门机关，实行统一管理”的原则。道路交通法规规定：一切在道路上活动的人员必须听从交通警察的统一指挥和管理；违反交通管理规定的行为由公安交通管理机关统一处理；发生事故由公安交通管理机关负责处理；临时占用道路由公安交通管理机关统一审批；参与道路交通活动的车辆由公安交通管理机关统一验发牌证；机动车驾驶员由公安交通管理机关统一考核管理等，这一切都确立了公安机关管理道路交通的权威。

三、道路交通法规的主要内容

我国交通最主要的法规之一是《中华人民共和国道路交通管理条例》，该条例共分十章计九十三条。主要包括三个方面的内容：

1. 关于公安交通管理机关的地位、职责和管理原则、方法的法规规定

公安交通管理机关是我国道路交通管理的专门机关，是道路交通法规的实施和执行机关，《道路交通管理条例》规定“本条例由公安部负责解释，由各级公安机关负责实施”。十分明确地规定了公安机关的管理权力。《道路交通管理条例》第六十八条规定：“除公安机关外其他部门不准在道路上设置检查站拦截、检查车辆，有关部门确需上路进行检查时，可派人参加公安机关的检查站进行工作。”第八十八条规定：“交通警察必须秉公执法，对违反本规定的人，应根据情节轻重，给予批评、教育或适当处罚，不得徇私舞弊、索贿受贿、枉法裁决。交通警察违反上述规定的，给予行政处分；构成犯罪的，依法追究刑事责任。”这些法规都非常详细地阐明了公安交通管理机关的管理权限、职责和方针、方法。

2. 关于其他国家机关、社会组织管理道路交通和进行交通活动的法规规定

除了公安交通管理机关外，其他国家机关、社会组织也担负着一定的管理城市、道路、道路交通运输的职能。如《道路交通管理条例》第五条规定：“机关、军队、团体、企业、学校以及其他组织，应当经常教育所属人员遵守本条例；对违反本条例的行为，任何人都有

劝阻和控告的权力。”这项规定阐明了单位和个人遵守《道路交通管理条例》的义务和责任。《道路交通管理条例》第六十六条规定：“市政公路管理部门为维修道路，需要占用道路、挖掘道路时，除日常维修、养护道路作业外，须与公安机关协商共同采取维护交通秩序的措施后，再行施工；其他单位需要挖掘道路时，须经市政管理部门或公路管理部门同意后，由公安机关办理手续。”这就明确了道路管理权力、权限和各管理部门的职责。

3. 关于公民使用道路、交通工具进行交通活动的权利、义务；交通行为规范以及违反交通法应负责任的法规等

机动车驾驶员应熟悉和掌握交通行为规范，以及违反交通法规应负责任的法规。《道路交通管理条例》对此都作出了科学、完整的回答。

(1) 交通信号、交通标志和交通标线

交通信号是在平面交叉路口或某些路段，指挥车辆、行人通行或如何通行的手段。《道路交通管理条例》规定的交通信号分为五种，即指挥灯信号、车道灯信号、人行横道灯信号、交通指挥棒信号和手势信号。交通标志和交通标线是用以传递信号或表示交通行为规范，指示、引导或限制车辆、行人交通的一种交通管理手段。《道路交通管理条例》规定的交通标志，按其功能分为警告、禁令、指示、指路、辅助五类；交通标线按其功能分为指示、禁令两类。条例还规定：“车辆和行人遇有灯光信号，交通标志或交通标线与交通警察的指挥不一致时，服从交通警察的指挥。”

(2) 车辆及驾驶员管理

《道路交通管理条例》规定：“车辆必须经过车辆管理机关检验合格，领取号牌、行驶证，方准行驶。”对机动车规定“必须保持车况良好，车容整洁。制动器、转向器、喇叭、刮水器、后视镜和灯光装置，必须保持齐全有效”。并且“必须按车辆管理机关规定的期限接受检验，未按规定检验或检验不合格的，不准继续行驶”。对于机动车驾驶员则规定“饮酒后不准驾驶车辆”“不准驾驶安全设备或机件失灵的车辆”“在患有妨碍安全行车的疾病或过度疲劳时，不准驾驶车辆”，以及“驾驶和乘坐二轮摩托车须带安全头盔”等。

(3) 关于车辆装载和行驶速度的规定

本着既充分发挥车辆运输效率，又保证安全行车的原则，《公路交通管理条例》对车辆装载和行驶最高车速分别作出了规定。规定机动车载物“不准超过行驶证上规定的载质量”和“装载须均衡平稳，捆扎牢固”。对机动车载物体积按车辆不同类型分别作了相应规定。如载物高度，规定从地面起大型货车不准超过 4 m，挂车和拖拉机不准超过 3 m，小型货车载质量在 1 000 kg 以上的不准超过 2.5 m，载质量不满 1 000 kg 的不准超过 2 m。载物长度、载物宽度等都做了具体明确的规定。

对于机动车最高速，《道路交通管理条例》根据道路条件和车种性能，分别作了规定。如条例第三十五条规定，在设有中心双实线、中心分隔带和机动车道与非机动车道分隔设施的道路上，小客车在城市街道时速为 70 km，在公路时速为 80 km；大客车和货运汽车在城市街道时速为 60 km，在公路时速为 70 km 等。

(4) 关于违反交通管理行为的处罚

我国对违反交通管理行为的处罚，根据情节轻重和危害后果，可分为三类：一是违反交通管理发生重大交通事故，造成人身财产重大损失构成犯罪的，依法追究刑事责任，并吊销机动车驾驶证。二是违反交通管理发生交通事故，造成人身财产损失尚不够刑事处罚的，按

《道路交通管理条例》和其他道路交通管理法规、规章的规定，分别根据所负责任的主次程度处以拘留、罚款、吊销或吊扣驾驶证。三是违反条例规定的行为，按《道路交通管理条例》的第七十三至八十一条规定给予行政处罚。

第二节　控制汽车公害的相关法规和标准常识

一、国家现行排放法规和标准简介

1. 简介

根据中国国情，广泛借鉴欧洲经济委员会的法规，我国制定了符合国情的排放法规。我国实施汽车排放法规始于1994年5月，随着汽车工业的发展，汽车保有量的增加，为防治汽车排放污染，排放法规发展迅速。

1999年3月10日，国家质量技术监督局颁发了GB 14761—1999《汽车排放污染物限制及测试方法》国家标准，GB 17691—1999《压燃式发动机和装用压燃式发动机的车辆排气污染物限值及测试方法》国家标准，GB 3847—1999《压燃式发动机和装用压燃式发动机的车辆排气可见污染物限值及测试方法》国家标准，规定从2000年1月1日起全国执行。

2001年国家环境保护总局将汽车发动机产品认证标准作如下变更：

(1) GB 17691—2001《车用压燃式发动机排气污染物限值及测量方法》代替GB 17691—1999，从2000年9月1日开始实施，其排放限值和测试水平相当于欧洲发布并实施的重型柴油车欧洲1号（1992年）和欧洲2号（1995年）标准。自2001年9月1日起，所有新生产的装用压燃式发动机的大于3.5 t的重型车辆及车用发动机都必须满足GB 17691—2001的要求。

(2) GB 18352.1—2001《轻型汽车污染物排放限值及测量方法（Ⅰ）》代替GB 14761—1999，其排放限值和测试水平相当于欧洲90年代 初实施的轻型车欧洲1号标准。自2001年10月1日起，所有新生产的3.5 t以下的轻型车（包括客车和货车）都必须满足GB 18352.1—2001标准的要求。

(3) 颁布GB 18352.2—2001《轻型汽车污染物排放限值及测量方法（Ⅱ）》，2004年7月1日开始实施，相当于欧洲20世纪90年代中实施的轻型车欧洲2号标准。

2. 国家现行排放标准

(1) GB 18352.1—2001《轻型汽车污染物排放限值及测量方法（Ⅰ）》

该标准的适用车辆是最大总质量在400～3 500 kg之间，设计最大车速大于或等于50 km/h的汽油和柴油客、货车。其排放污染物第一阶段限值见表8—1。

表8—1　　轻型汽车污染物排放第一阶段限值

类　别	实施日期	基准质量 Rm（kg）	排放物限值（g/km）		
			CO	HC+NO_x	PM①
设计乘员数≤6人，且最大总质量≤2 500 kg的客车	2000年7月1日起		3.16	1.13（直喷式柴油机：1.58）	0.18（直喷式柴油机：0.25）

续表

类　　别	实施日期	基准质量 Rm（kg）	排放物限值（g/km）		
			CO	$HC+NO_x$	PM①
其他所有最大总质量≤3 500 kg的客车和货车	2001年10月1日起	Rm≤1 250	3.16	1.13	0.18
		直喷柴油机		1.58	0.25
		1 250＜Rm≤1 700	6.0	1.60	0.22
		直喷柴油机		2.24	0.31
		Rm＞1 700	8.0	2.0	0.29
		直喷柴油机		2.80	0.41

注：①PM（颗粒物）仅对柴油机才有要求。

（2）GB 18352.2—2001《轻型汽车污染物排放限值及测量方法（Ⅱ）》其排放污染物第二阶段的限值见表8—2。

表8—2　　轻型汽车污染物排放第二阶段限值

类　　别	实施日期	基准质量 Rm（kg）	排放物限值（g/km）		
			CO	$HC+NO_x$注	PM
设计乘员数≤6人，且最大总质量≤2 500 kg的客车	2004年7月1日 形式认证 2005年7月1日 一致性		2.2	0.5 （汽油机）	
			1.0	0.7 （柴油机）	0.08
其他所有最大总质量≤3 500 kg的客车和货车	2005年7月1日 形式认证 2006年7月1日 一致性	Rm≤1 250	2.2	0.7	
		柴油机	1.0	0.7	0.08
		1 250＜Rm≤1 700	4.0	0.60	
		柴油机	1.25	1.0	0.12
		Rm＞1 700	5.0	0.7	
		柴油机	1.5	1.2	0.17

注：对以直喷式柴油机为动力的车辆 $HC+NO_x$ 和PM限值乘以系数1.7。

（3）GB 17691—2001《车用压燃式发动机排气污染物限值及测量方法》

该标准采用工况法控制车用压燃式发动机（柴油机）尾气中的CO、HC、NO_x 和PM的排放量。适用范围是总质量＞3 500 kg，设计车速＞25 km/h的重型柴油汽车和使用其他燃料的压燃式发动机。

该排放标准的限值要求，第一阶段新生产发动机排气污染物排放限值达到重型柴油机欧洲1号限值水平（相当于欧洲20世纪90年代初执行的标准），第二阶段新生产发动机排气污染物排放限值达到欧洲2号限值水平（相当于欧洲20世纪90年代中期执行的标准）。排放限值见表8—3。

表8—3　　车用压燃式发动机排气污染物限值　　q/(kW·h)

实施阶段	实施日期	HC	CO	NO_x	颗粒物（PM）	
					≤85 kW注	＞85 kW注
1	2001年9月1日	1.23	4.9	9.0	0.68	0.40
2	2004年9月1日	1.1	4.0	7.0	0.15	0.15

注：指发动机功率。

(4) GB 14761.5—1993《汽油车怠速污染物排放标准》

该标准适用于最大总质量大于 400 kg，最大设计车速大于或等于 50 km/h 的汽油车和车用汽油发动机。限值标准的划分按轻型车（GVM≤3 500 kg）和重型车（GVM>3 500 kg），包括四冲程和二冲程发动机。

该标准是测试汽油车发动机在怠速工况下排气管排出的 CO 和 HC 的容积浓度。标准限值见表 8—4。

表 8—4　汽油车怠速污染物排放标准

项目 / 车别	CO（%）		HC（10^{-6}）注			
			四冲程		二冲程	
	轻型车	重型车	轻型车	重型车	轻型车	重型车
1995 年 7 月 1 日起的新生产车	3.5	4.0	700	1 000	6 500	7 000
1995 年 7 月 1 日起生产的在用汽车	4.5	4.5	900	1 200	7 500	8 000

注：HC 容积浓度已经按正已烷当量。

(5) GB 14761.6—1993《柴油车自由加速烟度排放标准》

该标准适用于最大总质量大于 400 kg，最大设计车速大于或等于 50 km/h 的道路用柴油车，排放限值为 1995 年 7 月 1 日起新生产汽车 4.0 Rb，1995 年 7 月 1 日在用汽车 4.5 Rb。

二、汽车噪声的限值

国家标准 GB 1495—2002《汽车加速行驶车外噪声限值及测量方法》，是机动车辆产品的噪声标准，也是城市机动车辆噪声检查的依据。

各类机动车辆（包括汽车、摩托车、轮式拖拉机）行驶时，车外最大允许噪声级应符合表 8—5 的规定。

表 8—5　车外最大允许噪声级　dB

车辆种类		1985 年 1 月 1 日以前生产的产品	1985 年 1 月 1 日起生产的产品
载货汽车	8 t≤载质量<15 t	92	89
	3.5 t≤载质量<8 t	90	86
	载质量<3.5 t	89	84
轻型越野车		89	84
客车	4 t<总质量<11 t	89	86
	总质量≤4 t	88	83
轿　车		84	82
摩托车		90	84
轮式拖拉机（44 kW 以下）		91	86